王力——著

古代汉语常识

插图版

天津出版传媒集团

天津人民出版社

图书在版编目（CIP）数据

古代汉语常识：插图版 / 王力著 . -- 天津：天津
人民出版社，2023.1
ISBN 978-7-201-18136-3

Ⅰ . ①古… Ⅱ . ①王… Ⅲ . ①古汉语—基本知识
Ⅳ . ①H109.2

中国版本图书馆CIP数据核字(2022)第165795号

古代汉语常识：插图版
GUDAI HANYU CHANGSHI : CHATU BAN

出　　版　天津人民出版社
出 版 人　刘　庆
地　　址　天津市和平区西康路35号康岳大厦
邮政编码　300051
邮购电话　（022）23332469
电子信箱　reader@tjrmcbs.com

总 策 划　沈海涛
策　　划　金晓芸　康悦怡
责任编辑　张　璐
特约编辑　燕文青
装帧设计　肖　瑶

经　　销　新华书店
开　　本　880毫米×1230毫米　1/32
印　　张　7.5
字　　数　130千字
版次印次　2023年1月第1版　　2023年1月第1次印刷
定　　价　40.00元

序

王力先生是中国现代语言学的泰斗。先生从来都是"龙虫并雕"的，他的一系列专著为学术研究指明方向，他的一些雅俗共赏的著作对年轻读者很有启发。天津人民出版社的"王力五书"就是这样一套雅俗共赏的系列图书，共五种，即《诗词格律》《诗词格律十讲》《诗词格律概要》《古代汉语常识》《语文讲话》，都是插图版。

《诗词格律》《诗词格律十讲》《诗词格律概要》这三种书都是讲诗词格律的，详略有所不同。《诗词格律十讲》最简要，《诗词格律概要》是《诗词格律十讲》的扩充，《诗词格律》比较详细，在讲平仄对仗之外还讲了诗词的节奏和语法特点。这三种书出版于20世纪六七十年代，至今已有五十多年了。在这期间，好几代年轻人都受益于这几本书。读了以后，在阅读古典诗词时能懂得其格律，还有不少人能按照格律来写作古体诗词，这都有助于提高他们的文化素养。这次天津人民出版社出版时，为《诗词格律》和《诗词格律十讲》精选了附录，如《今读阴平阳平的入声字表》等，对读者也很有帮助。

　　《古代汉语常识》是为年轻读者学习古代汉语而写的。这里的"古代汉语"主要指文言文。书中对为什么要学习古代汉语，怎样学习古代汉语都说得很透彻；对古代汉语的文字、古代汉语的词汇、古代汉语的语法都有论述，谈得很全面。古代汉语词汇和阅读文言文关系最密切，书中说："如果掌握了古代汉语词汇，就可以算是基本上掌握了古代汉语。"书中谈到古今词义的差别（见第五章）和一些重要虚词（见第六章），读者应该认真阅读并切实掌握。

　　此书有五个附录，都很重要，建议读者好好看一看。《研究古代汉语要建立历史发展观点》是王力先生多次强调的一个很重要的学术观点。《天文、历法》和《礼俗、宗法》选自王力主编《古代汉语》的"古代文化常识"（执笔者是南开大学教授马汉麟先生）。这部分内容对读古书很有用，因为在读古书的时候常会碰到一些文化常识方面的问题，如果不懂文化常识，就会出错。如有人把"七月流火"理解为"七月天气十分炎热"就是一例。"七月流火，九月授衣"是《诗经·豳风·七月》里的句子，"火"指二十八宿的心宿。在夏历六月黄昏的时候，心宿出现在南方的天空，方向最正，位置最高，到七月就偏西向下了，天气也逐渐变凉，所以要"九月授衣"。要看懂这两个附录是要花一些功夫的，但看懂以后会觉得很有用。

《语文讲话》篇幅不长，但对汉语研究得非常深入。在绪论中指出了汉语的五种特性：单音词占优势、比较上颇富于孤立性、最富于分析性，以及以声调为词汇的成分、元音特占优势。在1955年的修订版中，进一步概括为三点：第一，元音特别占优势；第二，拿声调作词的成分；第三，语法构造以词序、虚词等为主要手段。（见《王力全集》第二十卷，第11页。）这是以汉语和别的语言比较而得出的。在后面四章中，谈了汉语的语音、语法、词汇和文字，各部分都深入浅出地讲了一些基本知识，语音、语法、词汇部分都谈了汉语方言的异同和古今的演变。这样，就从地域和时间两个维度勾画出汉语的概貌。作者在1955年的《新版自序》中说，此书"目的是使中学教师们从语言学的观点上比较全面地了解汉语的轮廓"。今天的读者也一定会有这种收益。

此书的四个附录可以进一步扩展读者的视野。读者如果关心汉语的历史发展，可以读《汉语发展史鸟瞰》；如果关心普通话，可以读《推广普通话的三个问题（节选）》；如果关心汉语语法，可以读《关于汉语语法体系的问题》；如果对文学感兴趣，可以读《语言与文学》。

把王力先生的著作推荐给读者，不是一件容易的事情。首先要对王力先生的著作相当熟悉，而且要对读者的状况和需求比较了解，这才能从王力先生众多的著作中选出合适的五书。同时，《诗词格律》《诗词格律十讲》这也是要费一番功夫加以选择和编排的。这些都体现了"王力五书"选编者对读者负责的精神和对业务熟悉的程度。我相信，这样一套精心选编的"王力五书"会受到读者的欢迎。

蒋绍愚

2022年9月于北京大学

目 录

第一章　什么是古代汉语 / 1

第二章　为什么要学习古代汉语 / 7

第三章　怎样学习古代汉语 / 13

第四章　古代汉语的文字 / 19

第五章　古代汉语的词汇 / 35

第六章　古代汉语的语法 / 57

附录一　汉语发展史鸟瞰 / 121

附录二　古语的死亡、残留和转生 / 133

附录三　研究古代汉语要建立历史发展观点 / 145

附录四　天文、历法 / 161

附录五　礼俗、宗法 / 203

参考文献 / 223

出版说明 / 231

第一章

什么是古代汉语

　　古代汉语是跟现代汉语相对的名称：古代汉族人民说的话叫作古代汉语。但是，古人已经死了，现代的人不可能听见古人说话，古人的话只能从古代留传下来的文字中反映出来。因此，所谓古代汉语，实际上就是古书里所用的语言。

　　语言是发展的，它处在不断的变化中。中国的文化是悠久的，自从有文字记载到今天，已经有三千多年的历史。所谓古代汉语，指的是哪一个时代的汉语呢？是上古汉语，是中古汉语，还是近世汉语呢？

　　的确是这样。我们如果对古代汉语进行严格的科学研究，的确应该分为上古时期（一般指汉代以前）、中古时期（一般指魏晋南北朝隋唐）、近世时期（一般指宋元明清），甚至还可以分得更细一些。那样研究下去，就是"汉语史"的研究。但是，那是汉语史专家的事情，一般人并不需要研究得那样仔细，只要笼统地研究古代汉语就行了。

研究古代汉语不分时代，大致地说，也还是可以的。封建社会的文人们喜欢仿古，汉代以前的文章成为他们学习的典范。中古和近世的文人都学着运用上古的词汇和语法，他们所写的文章脱离了当时的口语，尽可能做到跟古人的文章一样。这种文章叫作古文，后来又叫作文言文（用文言写的诗叫作"文言诗"）。我们通常所谓古代汉语就是指的这种"文言文"。照原则说，文言文是不变的，所以我们可以不分时代研究古代汉语。当然，仿古的文章不可能跟古人的文章完全一样，总不免在无意中夹杂着一些后代的词和后代的语法，不过那是罕见的情况。

历代都有白话文。近世的文学作品中，白话文特别多，如《水浒传》《儒林外史》《红楼梦》等。这些也都属于古代汉语，但是一般人所说的古代汉语不包括近世白话文在内。因为这种白话文跟现代汉语差不多，跟文言文的差别却是很大的。

这本书所讲的古代汉语就是文言文，所以不大谈到历史演变，也不谈到古代白话文。这里先把古代汉语的范围交代清楚，以后讲到古代汉语的时候，就不至于引起误解了。

［明］董其昌　《葑泾仿古图》（局部）

第二章

为什么要学习古代汉语

为什么要学习古代汉语？首先是为了培养阅读古书的能力，以便批判地继承祖国的文化遗产；其次是因为古代汉语对现代语文修养也有一定的帮助。现在把这两个理由分别提出来谈一谈。

第一，中国有几千年文化需要我们批判地继承下来。我们每一个人或多或少地总要接触古代文化。有时候，是别人先读了古书，然后用现代语言讲给我们听，例如我们所学的中国史就是这样。有时候，是别人从古书中选出一篇文章或书中的某一章节的原文，加上注解，让我们阅读，例如我们所学的语文课，其中有一部分就是这样。将来我们如果研究历史，就非直接阅读古代的史书不可;如果研究古典文学,也非直接阅读古代的文学作品不可。研究哲学的人必须了解中国的哲学史,研究政治的人必须了解中国历代的政治思想,研究经济的人必须了解中国历代特别是近代的经济情况,他们也必须直接阅读某些古书。学音乐的人有必要知道点中国音乐史,学美术的人有必要知道点中国美术史,他们也不免要接触古书。就拿自然科学来说,也不是跟古书完全不发生关系的。学天文、数学的,不能不知道中国古代天文学和数学的辉煌成就;学医学、农学的,不能不知道中国古代医学上、农学上有许多宝贵经验;学工科的,也不能不知道中国古代不少工程是走在世界建筑学的前面的。当然,我们也可以靠别人读了讲给我们听,或用现代白话文写给我们看,但是到底不如自己阅读原文那样亲切有味,而且不至于以讹传讹。

在中学时代,还不能要求随便拿一本古书都能看懂,但是,如果多读些文言文,就可以打下良好的基础。

我们研究中国古代文化,必须剔除其糟粕、吸收其精华。但是,如果我们连书都没有读懂,也就谈不上辨别精华和糟粕了。因此,培养阅读古书的能力,是批判地继承文化遗产的先决条件。

第二,现代汉语是从古代汉语发展来的,现代汉语继承了古代汉语的许多词语和典故。因此,我们的古代汉语修养较高,对现代文章的阅读能力也就较高。像"力争上游"的"上游"（河流接近发源地的部分）、"务虚"的"务"（从事于），本来都是文言词，现在都被吸收到现代汉语里来了。毛泽东说："我们还要学习古人语言中有生命的东西。由于我们没有努力学习语言，古人语言中的许多还有生气的东西我们就没有充分地合理地利用。当然我们坚决反对去用已经死了的语汇和典故，这是确定了的，但是好的仍然有用的东西还是应该继承。"我们应该认识到，学习古代汉语，不但可以提高阅读文言文的能力，同时也可以提高阅读现代书报的能力和写作的能力。

［清］吴宏　《燕子矶莫愁湖二景图》（局部）

第三章

怎样学习古代汉语

　　现代汉语是从古代汉语发展来的，我们学习古代汉语，无论如何不会像学外国语那样难。但是，由于中国的历史长，古人距离我们远了，我们学习古代汉语还是有一定困难的。一般说来，越古就越难。要克服学习上的困难，就应该讲究学习的方法。

　　第一，是读什么的问题。中国的古书，一向被称为"浩如烟海"，是一辈子也读不完的。我们学习古代汉语，必须有所选择。我们应该选读思想健康而又对后代文言文有重大影响的文章。上古汉语是文言文的源头，所以我们应该多读一些汉代以前的文章，当然中古和近世的也要占一定的比重。

　　整部的书不能全读，可以选择其中的精华来读。

　　初学古代汉语，应该利用现代人的选本。首先，应该熟读中学语文课本中的文言文和文言诗，这是经过慎重选择的，思想健康，其中大部分正是对后代文言文有重大影响的文章。其次，如果行有余力，还可以选读《古代散文选》（人民教育出版社出版）和《古代汉语》（中华书局出版）。这两部书分量太重，最好请老师代为挑选一些，不必全读。

　　初学古代汉语不应该贪多，先不忙看《诗经选》《史记选》等，更不必全部阅读《论语》《孟子》等。贪多嚼不烂，这是我们应该引以为戒的。

　　第二，是怎样读的问题。最要紧的是先把文章看懂了，不是浮光掠影地读，不是模模糊糊地懂，而是真懂。一个字也不能放过，绝不能不求甚解。这样，就应该仔细看注解，勤查工具书。

　　中学《语文》课本、《古代散文选》《古代汉语》等书都有详细的注解。仔细看注解，一般就能理解文章的内容。有时候，每一句话都看懂了，就是前后连不起来，那就要请教老师。读文章要顺着次序读，有些词语在前面文章的注解中解释过了，到后面就不再重复了。

　　所谓工具书，这里指的是字典和辞书。字典是解释文字的意义的，如《新华字典》；辞书不但解释文字的意义，还解释成语等，如《辞源》《辞海》。《辞源》《辞海》是用文言解释的，对初学来说，也许嫌深了些。《新华字典》虽然是为学习现代汉语编写的，但是对学习古代汉语也很有帮助，因为其中也收了许多比较

"文"的词义(如"汤"字当"热水"讲),并且收了许多比较"文"的词[如"夙"(sù),就是"早"]。[1]

有了注解,为什么还要查字典呢?因为做注解的人不一定知道读者的困难在什么地方。有时候读者很容易懂的地方有了注解,读者感到难懂的地方反而没有注解。查字典是为了补充注解不足之处。学习古代汉语的人必须学会查字典,并且养成经常查字典的习惯。

在学习的过程中,可以试着翻译一两篇文章,作为练习。但是初学的时候不要找现成的白话译文来看,那样做是没有好处的。正如外语课本不把课本翻译出来一样,中学语文课本也没有把文言文译成白话文。假如译成白话文,就会养成读者的依赖性,不深入钻研原文,以了解大意为满足,这样就影响学习的效果。

学习古代汉语的人,常常是学一篇懂一篇,拿起另一篇来仍旧不懂。所以需要学习关于古代汉语的一般知识,以便更好地提高阅读古书的能力。关于古代汉语的一般知识,大致可以分为三个方面:第一是关于文字的知识,第二是关于词汇的知识,第三是关于语法的知识。掌握了这三方面的知识,就能比较容易地阅读一般文言文。这本书主要大略地讲讲这三方面的知识,掌握这些浅近的知识以后,可以为阅读一般文言文打下良好的基础,以后要提高就容易了。

---

[1] 王力先生后来与其他专家、学者合作编写了专供学习古代汉语使用的字典《古汉语常用字字典》(商务印书馆出版)。——编者注

[明] 陈继儒 《云山幽趣图》

第四章

古代汉语的文字

　　古代汉语是用文字记载下来的,所以学习古代汉语就先得识字。这些字虽然跟现代汉语的字基本上一样,但是意思不完全一样,写法也不完全一样,所以需要讲一讲。这里分为四个问题来讲:①字形和字义的关系;②繁体字;③异体字;④古字通假。

一、字形和字义的关系

　　字形是字的形体,字义是字的意义。汉字有这样一个特点,就是字形在一定程度上表示字义。字的最初的一种意义叫作本义;字的其他意义一般是由本义生出来的,叫作引申义。本义和字形是有关系的,懂得这个道理,有助于了解古代汉语的字义。现在举些例子加以说明。

涉

"涉"的本义是蹚着水过河,所以左边是"水"(氵就是水)。古文字的"涉"更加形象,写作 ,画的是前后两只脚,中间一道河。后来左边写成三点水,右边写成"步"字,其实"步"字上半代表一只脚(即"止"字),下半代表另一只脚(即反写的"止"字,,不是"少")。苏轼《日喻》[1]:"七岁而能涉。"其中"涉"字是用的本义。《吕氏春秋·刻舟求剑》:"楚人有涉江者。"其中"涉"字用的是引申义,那不是蹚着水过河,而是乘舟过河,后来又引申为牵涉、涉历。

操、持

这类字叫作形声字,左边是形符(又叫意符),表示意义范畴,右边是声符,表示读音。(形符也可以在右边、上面、下面;声符也可以在左边、上面、下面。)"操""持"都是拿的意思,所以以"手(扌)"为形符。"操"从喿声("喿"即"噪"字),"持"从寺声。《韩非子·郑人买履》:"而忘操之。"蒲松龄《狼》:"弛担持刀。"这两个

---

[1] 引文为课本常选者,篇名多从课本,下同。(本书所引古文目录见参考文献。——编者注)

字也有细微的分别：“操”又指紧握，引申为操守，节操；“持”泛指拿。

坠

“坠（墜）”本作“隊”，从阜（阝），㒸声（“㒸”即“遂”字）。阜是高大的山，从高山掉下来叫作“隊”，引申为泛指坠落。《荀子·天论》：“星队木鸣，国人皆恐。”后来加土作“墜（坠）”，以区别于队伍的“隊（队）”。《吕氏春秋·刻舟求剑》：“其剑自舟中坠于水。”

契、锲

“契”是刻的意思，《吕氏春秋·刻舟求剑》：“遽契其舟。”据《说文解字》（下文简称《说文》），契刻的“契”写作“栔”，从木，韧声（“韧”音锲）。其所以从木，因为木是刻的对象。字又作“锲”。《荀子·劝学》：“锲而舍之，朽木不折；锲而不舍，金石可镂。”“锲”从金，契声。其所以从金，因为金是刻的工具（刻刀是金属做的）。

载

“载”从车，𢦔声（“𢦔”音哉），本义是车载，《史记·孙膑》：“窃载与之齐。”引申为船载，也叫“载”，柳宗元《黔之驴》：“有好事者船载以入。”

窥

“窥”从穴，规声。“穴”是窟窿，从窟窿里看，叫作“窥”，如“管中窥豹"。引申为偷看,柳宗元《黔之驴》:"蔽林间窥之。"

骇

"骇"从马,亥声,本义是马惊。《汉书·枚乘传》:"马方骇,鼓而惊之。"引申为泛指害怕,柳宗元《黔之驴》:"虎大骇。"

鸣

"鸣"从鸟,从口。这类字叫作会意字,会意字没有声符,而有两个或三个形符。鸟口出声叫作"鸣",《诗经·郑风·风雨》:"风雨如晦,鸡鸣不已。"引申为泛指禽兽昆虫的叫,柳宗元《黔之驴》:"他日,驴一鸣。"

顾

"顾(顧)"从页,雇声。"雇"音户。"页"不是书页的"页",而是音颉(xié)。"页"是头的意思。"顾"是回头看,所以从页,蒲松龄《狼》:"顾野有麦场。"

薪

"薪"从艸(艹),新声。"薪"的本义是草柴,蒲松龄《狼》:"场主积薪其中,苫蔽成丘。"也指木柴,《诗经·齐风·南山》:"析薪如之何?匪斧不克。"

弛

"弛"从弓,也声,本义是把弓弦放松,《左传·襄公十八年》:"乃弛弓而自后缚之。"引申为泛指放松,蒲松龄《狼》:"弛担持刀。"

尻、尾

"尻"从尸，九声，是形声字。"尾"，从尸，从毛，是会意字。"尸"，金文作入，侧看像人卧之形。从尸的字，表示人体的部分。"尻"是屁股，"尾"是尾巴。据《说文》说，古人和西南夷人喜欢用毛作尾形以为装饰，所以"尾"字从毛。蒲松龄《狼》："身已半入，止露尻尾。"

贱

"贱"从贝，戋声。"贱"的本义是价格低，所以左边是"贝"（上古时代，贝壳被用为货币）。白居易《卖炭翁》"心忧炭贱愿天寒"，其中"贱"字是用的本义，引申为地位低。

驾

"驾"从马，加声。"驾"的本义是把车轭放在马身上（驾车就是赶车），所以下边是"马"。白居易《卖炭翁》"晓驾炭车辗冰辙"，其中"驾"字是用的本义，引申为驾驭。

险

"险（險）"从阜，佥声。"险"的本义是险阻，所以其字从阜，阜就是山，《列子·愚公移山》："吾与汝毕力平险。"

二、繁体字

　　汉字简化，是中国文化史上的一件大事。由繁体变为简体，易写易认，人们学习起来方便多了。但是古书是用繁体字写的，我们目前还不能把所有的古书都改成简体字。我们学习古代汉语，最好认识繁体字，因为将来读到古书原本时，总会接触到繁体字的。

　　并不是每一个字都有繁、简二体，例如"人""手""足""刀""尺"等字，从古以来笔画简单，不需要再造简体。有些字，笔画虽不简单（例如鞭子的"鞭"），到目前为止，也还没有简化。但是，有许多字已经简化了。

　　汉字简化，最值得注意的是同音代替的情况：读音相同的两个字或三个字，简化以后合并为一个字了。这又分为两种情况。

　　第一种情况是，原来两个（或三个）繁体字都废除了，合并为一个简体字。这里举几个例子。

　　發、髮一律简化为"发"。古代"發""髮"不通用，发出、发生的"发"写作"發"，头发的"发"写作"髮"。例如：

> 1. 齐军万弩俱發。(《史记·孙膑》)
>
> 2. 夫因兵死守蓬茅，麻苎衣衫鬓髮焦。(杜荀鹤《时世行》)

獲、穫一律简化为"获"。古代"獲""穫"一般不通用，获得的"获"写作"獲"，收获的"获"写作"穫"。例如：

> 1. 獲楚、魏之师，举地千里。(李斯《谏逐客书》)
>
> 2. 春耕，夏耘，秋穫，冬藏。(晁错《论贵粟疏》)

復、複一律简化为"复"[1]。古代"復""複"不通用，"復"是现代"再"的意思，又解作恢复，"複"是重复。例如：

> 1. 居十日，扁鹊復见。(《韩非子·扁鹊见蔡桓公》)
>
> 2. 则吾斯役之不幸，未若復吾赋不幸之甚也。(柳宗元《捕蛇者说》)
>
> 3. 每字有二十余印，以备一板内有重複者。(沈括《活板》)
>
> 4. 複道行空，不霁何虹？(杜牧《阿房宫赋》)

---

[1] 旧时字典也有"复"字，但是一般古书不用。

第二种情况是原来两个(或三个)字保存笔画简单的一个，使它兼代笔画复杂的一个(或两个)。这里举几个例子。

餘、余一律写作"余"。古代"餘""余"不通用，剩余的"余"写作"餘"，当"我"讲的"余"写作"余"。例如：

1. 其餘则熙熙而乐。(柳宗元《捕蛇者说》)

2. 后百餘岁有孙膑。(《史记·孙膑》)

3. 余闻而愈悲。(柳宗元《捕蛇者说》)

雲、云一律写作"云"。古代"雲""云"不通用[1]，云雨的"云"写作"雲"，当"说话"讲或当语气词用的"云"写作"云"。例如：

1. 旌蔽日兮敌若雲。(《楚辞·国殇》)

2. 雲霏霏而承宇。(《楚辞·涉江》)

3. 后世所传高僧，犹云锡飞杯渡。(黄淳耀《李龙眠画罗汉记》)

4. 尝贻余核舟一，盖大苏泛赤壁云。(魏学洢《核舟记》)

---

1 "云"虽是"雲"的本字，但是在古书中"云"和"雲"显然是有分别的。

後、后 一律写作"后"。古代"後""后"一般不通用，"後"是前后、先后的"后"，"后"是后妃的"后"。前后、先后的"后"有时候写作"后"(罕见)；后妃的"后"绝不能写作"後"。例如：

徵、征 一律写作"征"。古代"徵""征"一般不通用，征求、征召、征验、征税的"征"写作"徵"，征伐、征途、征徭的"征"写作"征"。征税的"征"写作"徵"，有时候也写作"征"，但是征伐的"征"决不写作"徵"，征求、征召、征验的"征"一定写作"徵"，决不写作"征"。例如：

世行》）

5.京师学者咸怪其无徵。（《后汉书·张衡传》）

乾、幹一律写作"干"（不包括乾坤的"乾"）。"乾"和"干"同音，"幹"和"干"同音不同调（"幹"去声，"干"阴平声）。古代"乾""幹""干"不通用。"乾"是乾燥的"乾"，"幹"是树幹、躯幹的"幹"（这个意义又写作"榦"）和才幹的"幹"，"干"是盾牌（"干""戈"二字常常连用）。例如：

1.凡稻旬日失水，即愁旱乾。（宋应星《稻》）

2.柏虽大幹如臂，无不平贴石上。（徐弘祖《游黄山记》）

3.田园寥落干戈后，骨肉流离道路中。[1]（白居易《望月有感》[2]）

以上所述，一个简体字兼代古代两个字的情况是值得特别注意的。但是大多数的情况是一个简体字替换一个繁体字。如

---

1 大意是说：战争之后，田园荒芜了，兄弟们在道路上流浪着。

2 这首诗的全名是《自河南经乱，关内阻饥，兄弟离散，各在一处。因望月有感，聊书所怀，寄上浮梁大兄、於潜七兄、乌江十五兄，兼示符离及下邽弟妹》。

“书”替换了“書”，“选”替换了“選”，“听”替换了“聽”，等等。只要随时留心，繁体字是可以逐渐熟悉的。

三、异体字

所谓异体字，是一个字有两种以上的写法。例如，“线”字在古书中，既可以写作“綫”，又可以写作“線”；“于”字在古书中，既可以写作“于”，又可以写作“於”[1]。在今天，汉字简化以后，异体字也只保留一个了，如用“綫”（简作“线”）不用“線”，用“于”不用“於”。但是我们阅读古书，还是应该认识异体字。

废除异体字，大致有两个标准：第一个标准是保留笔画较少的字，第二个标准是保留比较常见的字。这两个标准有时候发生矛盾，例如，“于”字比“於”字笔画少，但是“於”字比“于”字常见，依照简化的原则，决定采用了“于”字。又如“無”字比“无”字常见，“傑”字比“杰”字常见，“淚”字比“泪”字常见[2]，“无”“杰”“泪”笔画较少，被保留下来，而“無”“傑”“淚”就废除了。

有时候，某些异体字不但笔画多，而且很少用，当然就废除了。例如：

---

1 严格地说，“于”和“於”是略有分别的，这里从一般的看法。
2 “泪”字一般只出现在小说里。

> 德：惪
>
> 匆：怱
>
> 奔：犇
>
> 粗：觕　　麤
>
> 梁：樑

这里不可能把所有的异体字都开列出来，只是举出一些例子，使大家注意这种现象。我们读古书的时候遇见异体字，一查字典就解决了。

四、古字通假

"通"是通用，"假"是借用（"假"就是借的意思）。所谓古字通假，就是两个字通用，或者这个字借用为那个字的意思。古字通假常常是两个字读音相同或相近，其中一个算是"本字"，另一个算是"假借字"。例如，"蚤"的本义是跳蚤，但是在《诗经》里借用为"早"（《豳风·七月》"四之日其蚤，献羔祭韭"），在早晨的意义上，"早"是本字，"蚤"是假借字。这种假借字，在上古的书籍里特别多。例如：

1．秦伯说，与郑人盟。(《左传·僖公三十年》)

("说"假借为"悦"。)

2．先生不羞，乃有意欲为收责于薛乎?(《战国策·齐策四》)

("责"假借为"债"。)

3．距关，毋内诸侯。(《史记·项羽本纪》)

("距"假借为"拒"，"内"假借为"纳"。)

4．愿伯具言臣之不敢倍德也。(《史记·项羽本纪》)

("倍"假借为"背"。)

　　古字通假的问题是很复杂的，现在先讲一个大概，以后还可以进一步研究。

［清］禹之鼎　《放鹇图》

第五章

古代汉语的词汇

　　词汇是一种语言里全部的词。在汉语里，一个一个的字合起来构成汉语的词汇。我们学习古代汉语，词汇占着极其重要的地位。如果掌握了古代汉语词汇，就可以算是基本上掌握了古代汉语，因为古今语法的差别不大。古今语音的差别虽大，但是不懂古音也可以读懂古书。唯有古代汉语的词汇，同现代汉语的词汇差别相当大，非彻底了解不可。下面分为四个问题来谈：①古今词义的差别；②读音和词义的关系；③用典；④礼貌的称呼。

一、古今词义的差别

古代的词义，有些是直到今天没有变化的，例如"人""手""大""小""飞"等。有些则是起了变化的，虽然变化不大，毕竟古今不同，如果依照现代汉语来理解，那就会陷于错误。我们读古代汉语，不怕陌生的字，而怕熟字。对于陌生的字，我们可以查字典来解决；至于熟字，我们就容易忽略过去，似懂非懂，容易弄错。现在举些例子来说明古今词义的不同。

兵

今天的"兵"指人，上古的"兵"一般指武器，如《楚辞·国殇》："车错毂兮短兵接。"后世也沿用这个意义，如"短兵相接"，但是也像现代一样可以指人了。

盗

今天的"盗"指强盗，上古的"盗"指偷（今天还有"盗窃"一词），如《荀子·修身》："窃货曰盗。"后来也像现代一样可以指强盗了，如"俘因为盗耳"（司马光《李愬雪夜入蔡州》）。

走

今天的"走"指行路，古代的"走"指跑，如"扁鹊望桓侯而还走"（《韩非子·扁鹊见蔡桓公》）。注意：即使到了后世，"走"字有时也只指跑，不指行路，如"走马看花"。现在广东人说"走"也还是跑的意思。

去

古人所谓"去"，指的是离开某一个地方或某人，如《诗经·魏风·硕鼠》："逝将去女，适彼乐土。""去女"应该理解为"离开你"。又如范仲淹《岳阳楼记》："则有去国怀乡，忧谗畏讥……""去国"应该理解为"离开国都"。又如《史记·孙膑》："魏将庞涓闻之，去韩而归。"古书上常说"去晋""去齐"，应该理解为"离开晋国""离开齐国"，而不是"到晋国去""到齐国去"（意思正相反）。这是特别值得注意的。

把

古人所谓"把"，指的是"握住"或"拿着"，如"手把文书口称敕"（白居易《卖炭翁》）。今天我们仅在说"把住舵""紧紧把住冲锋枪"一类情况下，还保存着古代这种意义。

江、河

古人所谓"江"，专指长江，如"楚人有涉江者"（《吕氏春秋·刻舟求剑》）。古人所谓"河"，专指黄河，如"为治斋宫河上"（《史记·西门豹治邺》）。"江""河"二字连用时，指长江和黄河，如"假舟楫者，非能水也，而绝江河"（《荀子·劝学》）。

无虑

古代有副词"无虑",不是无忧无虑的意思,而是"总有""约有"(指数量)的意思,如"所击杀者无虑百十人"(徐珂《冯婉贞》)。

再

上古"再"字只表示两次,超过两次就不能说"再"。如"五年再会",意思是五年之间集会两次(不是五年之后再集会一次);又如"再战再胜",意思是打两次仗,一连两次获胜(不是再打一次仗,再胜一次)。《史记·孙子吴起列传》"田忌一不胜而再胜",是说田忌赛马三场,输了一场,赢了两场。唐宋以后,"再"字也有像现代汉语一样讲的,如"用讫再火令药熔"(沈括《活板》)。

但

古代"但"不当"但是"讲,而只当"只"讲,如"不闻爷娘唤女声,但闻黄河流水鸣溅溅"(《木兰诗》),又如"见其发矢十中八九,但微颔之"(欧阳修《卖油翁》),又如"无他,但手熟尔"(欧阳修《卖油翁》),"但欲速死"(蒲松龄《促织》)。这是没有例外的,如果我们在古书中看见"但"字时解释为"但是",那就错了。

因

今天"因"字解释为"因为",古代"因"字解释为"于是",意义大不相同,值得注意。《史记·孙膑》:"齐因乘胜尽破其军",应解释为"齐人于是乘胜大破庞涓的军队"。《史记·廉颇蔺相如列传》:"相如因持璧却立倚柱",应解释为"蔺相如于是持璧,却立倚柱"。柳宗元《黔之驴》:"虎因喜",应解释为"于是老虎高兴了"。如果把这些"因"字解作"因为",那就大错。欧阳修《卖油翁》中的"因曰",也应该解释为"于是他说"或"接着就说",而不是解释为"因为他说"。这是沿用上古的意义。但是唐宋以后,有时候"因"字也当"因为"讲,如"夫因兵死守蓬茅"(《杜荀鹤《时世行》),那又需要区别看待了。

亡

"亡"的本义是逃亡,本写作"亾",从人,从乚("乚"即"隐"字),会意。这是说,逃亡的人走进隐蔽的地方。上古时代,"亡"不当死讲,《史记·陈涉世家》:"今亡亦死,举大计亦死。"《史记·廉颇蔺相如列传》:"臣尝有罪,窃计欲亡走燕。"又:"从径道亡,归璧于赵。"

好

"好"的本义是女子貌美,所以"好"字从女,会意。《史记·西门豹治邺》:"巫行视小家女好者,云是当为河伯妇。"又:"是女子不好。"《战国策·赵策三》:"鬼侯有子而好,故入之于纣。"("子"这里指女儿。)古诗《陌上桑》:"秦氏有好女,自名为罗敷。"

以上所讲,是把古代汉语译成现代汉语来讲的。我们也可以反过来做，假定现代汉语里有某一个词，译成古代汉语，应该是什么词呢？那也是很有趣的。让我们举出一些例子来看。

找

上古不说"找"，而说"求"。《吕氏春秋·刻舟求剑》："舟止，从其所契者入水求之。"《史记·廉颇蔺相如列传》："求人可使报秦者。"《西门豹治邺》："求三老而问之。"

放

安放的"放"，古人不说"放"，而说"置"，如《韩非子·郑人买履》："先自度其足，而置之其坐。"

放下

把本来拿着或挑着的东西放下来，古人叫"释"，如"有卖油翁释担而立，睨之久而不去"（欧阳修《卖油翁》）。

换

古人不说"换"，而说"易"，如"秦王以十五城请易寡人之璧"（《史记·廉颇蔺相如列传》）。

拉

古人不说"拉"，而说"曳"，如"又夹百千求救声，曳屋许许声"（林嗣环《口技》）。

睡着

古人叫"寐"，如"守门卒方熟寐"（司马光《李愬雪夜入蔡州》）。

醒

在上古汉语里，睡醒叫"觉"（又叫"寤"），酒醒叫"醒"，"觉"和"醒"本来是有分别的。古书中所谓"睡觉"，也就是睡醒，不是现代语的"睡觉"。如"妇人惊觉欠伸"（林嗣环《口技》），其中的"觉"字沿用了上古的意义。《口技》同时用"醒"字（"丈夫亦醒""又一大儿醒"），那是古今词义杂用的例子。

正在

古代汉语说"方"，如"守门卒方熟寐"（司马光《李愬雪夜入蔡州》）。

有人

古代在不肯定是谁的时候，用一个"或"字，等于现代语的"有人"。如"或告元济曰"（司马光《李愬雪夜入蔡州》），又如苏轼《石钟山记》："或曰此鹳鹤也。"

过了一会儿

古代汉语最常见的说法是"既而"（又说"已而"）。如"既而儿醒，大啼"（林嗣环《口技》），又如"既而渐近，则玉城雪岭际天而来"（周密《观潮》）。

差点儿

古代汉语说"几",如"几欲先走"(林嗣环《口技》)。

一点儿也不

古代汉语说"略不",如"人物略不相睹""而旗尾略不沾湿"(周密《观潮》)。

本来

古代汉语说"固",如"我固知齐军怯"(《史记·孙膑》)。

但是

古人说"然",如"人人自以为必死,然畏愬,莫敢违"(司马光《李愬雪夜入蔡州》)。

罢了

古人说"耳"("尔")或"而已"。如"俘因为盗耳"(司马光《李愬雪夜入蔡州》),又如"无他,但手熟尔"(欧阳修《卖油翁》),又如"一桌、一椅、一扇、一抚尺而已"(林嗣环《口技》)。

由此看来,古今词义的差别是很大的,我们不能粗心大意。如果我们把古书中的"走"看作今天普通话的"走",把古书中的"睡觉"看作现代语的"睡觉",等等,那就误解了古书。这是初学古代汉语的人应该注意的一件事。

二、读音和词义的关系

一个字往往有几种意义。有时候，意义不同，读音也跟着不同。在现代汉语里，已经有这种情况，在古代汉语里，这种情况更多些。下面举出一些例子来看。[1]

长

长幼、首长的"长"，应读 zhǎng，如"长幼有序"（《荀子·君子》），又如"推为长"（徐珂《冯婉贞》）。

少

年轻的意义，应读 shào，如"丈夫亦爱怜其少子乎？"（《战国策·触詟说赵太后》）。

中

射中、击中的"中"，应读 zhòng，如"见其发矢十中八九"（欧阳修《卖油翁》）。

间

用作动词，表示夹在中间或夹杂着的意义时，应读 jiàn，如"中间力拉崩倒之声，火爆声，呼呼风声，百千齐作"（林嗣环

---

1 其中比较常见的一种读音和意义就不讲了，因为大家都知道了。

《口技》)。

横

用作横暴、横逆的意义时,应读hèng,如"义兴人谓为三横"(刘义庆《世说新语·周处》)。

奇

用来表示零数的意义时,应读jī,如"舟首尾长约八分有奇"(魏学洢《核舟记》)。

好

表示喜欢的意义时,应读hào。如"医之好治不病以为功"(《韩非子·扁鹊见蔡桓公》),"好为《梁父吟》"(《三国志·隆中对》),又如"好古文"(韩愈《师说》),"有好事者船载以入"(柳宗元《黔之驴》)。

属

古书中"属"字往往有"嘱"的意思,也就读zhǔ。如"属予作文以记之"(范仲淹《岳阳楼记》)。

汗

可汗的汗,应读hán。如"昨夜见军帖,可汗大点兵"(《木兰诗》)。

骑

用作名词时,旧读jì,当"骑兵"或"骑马的人"讲。如"翩翩两骑来是谁"(白居易《卖炭翁》)。

咽

用来表示低微的哭声时，读 yè。如"夜久语声绝，如闻泣幽咽"(杜甫《石壕吏》)。用来表示咽喉时读 yān。

亡

用作"无"字时，读 wú。如"河曲智叟亡以应"(《列子·愚公移山》)。

度

解作测量时，读 duó。如"先自度其足"(《韩非子·郑人买履》)，又如"度简子之去远"(马中锡《中山狼传》)。

说

解作游说时，读 shuì。如"说齐使"(《史记·孙膑》)。解作喜悦时读 yuè，同"悦"。

数

解作屡次时，读 shuò。如"扶苏以数谏故，上使外将兵"(《史记·陈涉世家》)，又如"几死者数矣"(柳宗元《捕蛇者说》)。

号

用作动词，解作叫喊或大声哭的意义时，读 háo。如"谁之永号"(《诗经·魏风·硕鼠》)，又如"阴风怒号"(范仲淹《岳阳楼记》)。

旋

用作副词时，读 xuàn。如"旋斫生柴带叶烧"（杜荀鹤《时世行》），又如"旋见一白酋督印度卒约百人"（徐珂《冯婉贞》）。

将

用作名词时，读 jiàng。如"王侯将相宁有种乎"（《史记·陈涉世家》），又如"于是乃以田忌为将"（《史记·孙膑》）。用作动词时，如果当"率领"讲，也读作 jiàng。如"自将三千人为中军"（司马光《李愬雪夜入蔡州》）。

几

解作"差点儿"时，读 jī。如"几欲先走"（林嗣环《口技》），又如"几死者数矣"（柳宗元《捕蛇者说》）。

予

当"我"讲的"予"，读 yú，如"瞻予马首可也"（徐珂《冯婉贞》）。当"给"讲的"予"读 yǔ。

由上所述，可见在大多数情况下，一字两读只是声调的差异。例如：多少的"少"读 shǎo（上声），老少的"少"读 shào（去声）；中央的"中"读 zhōng（阴平），射中的"中"读 zhòng（去声）；横直的"横"读 héng（阳平），横暴的"横"读 hèng（去声），等等。除了声调不同之外，声母、韵母完全相同。但也有少数情况是声母不同的，如长短的"长"读 cháng，长幼的"长"读 zhǎng；或者是韵母不同的，如制度的"度"读dù，测度的"度"读duó。或者是声母、韵母都不同的，如解说的"说"读shuō，表喜悦的"说"读yuè（这些字在声调上有同有不同）。

有些字，同一个意义也可以两读。例如，观看的"看"，既可以读阴平，也可以读去声。今天我们把"看"字读去声，但是读古典诗词的时候，为了格律的需要，有时候也还该读成阴平。如杜甫《春夜喜雨》："晓看红湿处，花重锦官城。"又如苏轼《题西林壁》："横看成岭侧成峰，远近高低各不同。"其中"看"字都该读kān。毛泽东《菩萨蛮·大柏地》："装点此关山，今朝更好看。"其中"看"字也该读kān。这和词义无关，但是和一字两读有关，所以附带讲一讲。

三、用典

用典，就是运用古书中的话（典故）。作者常常不明说是用典，但是读者如果古书读多了，就懂得他是用典。有时候，我们必须懂得那个典故，然后才能了解句子的意思。现在举出一些例子，并加以说明。

并驱

《诗经·齐风·还》："并驱从两狼兮。"蒲松龄《狼》："骨已尽矣，而两狼之并驱如故。"按，《诗经》原意是两人并驱，追赶两狼。蒲松龄活用这个典故，说成"两狼并驱"。

马首是瞻

《左传·襄公十四年》："荀偃令曰：'鸡鸣而驾，塞井夷灶，唯余马首是瞻。'"意思是说，你们看着我的马头的方向，跟着我去战斗。徐珂《冯婉贞》："诸君而有意，瞻予马首可也。"这也是活用典故，那时冯婉贞并没有骑马。

修门

《楚辞·招魂》："魂兮归来，入修门些。"修门，指楚国国都郢的城门。文天祥《指南录后序》："时北兵已迫修门外。"这里文天祥指的是南宋临时首都临安的城门。

下逐客令

李斯《谏逐客书》："臣闻吏议逐客，窃以为过矣。"《史记·李斯列传》："秦王乃除逐客之令，复李斯官。"文天祥《指南录后序》："留二日，维扬帅下逐客之令。"这里文天祥活用秦始皇下逐客令的故事，指维阳帅李庭芝不能相容，下令要杀他。

号呼靡及

《诗经·大雅·荡》："式号式呼。"《诗经·小雅·皇皇者华》："骎骎征夫，每怀靡及。"文天祥《指南录后序》："天高地迥，号呼靡及。"

乌号、肃慎

《淮南子·原道训》："射者扜乌号之弓。"《国语·鲁语》："武王克商，通道于九夷百蛮，于是肃慎氏贡楛矢石砮。"马中锡《中山狼传》："援乌号之弓，挟肃慎之矢。"

处囊、脱颖

《史记·平原君虞卿列传》："毛遂曰：'臣乃今日请处囊中耳。使遂蚤得处囊中，乃颖脱而出，非特其末见而已。'"马中锡《中山狼传》："今日之事，何不使我得早处囊中，以苟延残喘乎？异时倘得脱颖而出，先生之恩，生死而肉骨也。"按，这里马中锡活用毛遂自荐的故事，"使我得早处囊中"，指东郭先生让狼躲进口袋里，"脱颖而出"，指赵简子走后，狼从口袋里出来。

生死肉骨

《左传·襄公二十二年》："吾见申叔，夫子所谓生死而肉骨也。"注："已死复生，白骨更肉。"马中锡《中山狼传》用了这个典故，见上条。

跋胡、疐尾

《诗经·豳风·狼跋》："狼跋其胡，载疐其尾。"马中锡《中山狼传》："前虞跋胡，后恐疐尾。"

猬缩蠖屈、蛇盘龟息

皮日休《吴中苦雨》：“如何乡里辈，见之乃猬缩！”《周易·系辞下》：“尺蠖之屈，以求信（伸）也。”《后汉书·安帝纪》：“又有赤蛇盘于床第之间。”《抱朴子》：“粮尽，见冢角一物，伸颈吞气。试效之，辄不复饥。乃大龟尔。”马中锡《中山狼传》：“猬缩蠖屈，蛇盘龟息。”

多歧亡羊

《列子·说符》：“杨子之邻人亡羊，既率其党，又请杨子之竖追之。杨子曰：‘嘻！亡一羊，何追者之众？’邻人曰：‘多歧路。’既反，问：‘获羊乎？’曰：‘亡之矣。’曰：‘奚亡之？’曰：‘歧路之中又有歧焉，吾不知所之，所以反也。’……心都子曰：‘大道以多歧亡羊，学者以多方丧生。’”马中锡《中山狼传》：“然尝闻之，大道以多歧亡羊。”这是引用《列子》原文，所以说“尝闻之”。

守株、缘木

《韩非子·五蠹》：“宋人有耕者。田中有株，兔走触株，折颈而死。因释其耒而守株，冀复得兔。兔不可复得，而身为宋国笑。”《孟子·梁惠王上》：“以若所为，求若所欲，犹缘木而求鱼也。”马中锡《中山狼传》：“乃区区循大道以求之，不几于守株缘木乎？”按，这是“守株待兔”“缘木求鱼”两个成语的结合。

古书用典的地方很不少。在中学语文课本里，为了照顾中学水平,不选典故太多的文章。将来如果接触古书,还会遇见许多典故。应该体会到,大多数典故都是活用的,如果死抠字眼,那就讲不通了。

四、礼貌的称呼

在现代汉语里,人称代词"您"是一种礼貌的称呼。在古代汉语里,由于封建社会等级制度的关系,礼貌的称呼规定得很严,而且比现代汉语里的礼貌称呼多得多。第一人称用谦称,第二人称和第三人称用敬称。现在分别加以叙述。

第一人称　第一人称就是说话人自称。在古代汉语里,第一人称代词有"吾""我""余""予"等。但是,说话人对于尊辈或平辈常常用谦称。

对君自称为"臣"。如"今在骨髓,臣是以无请也"(《韩非子·扁鹊见蔡桓公》)。在上古时代,对尊辈或平辈,也可以自称为"臣"。如"君弟重射,臣能令君胜"(《史记·孙膑》)。汉代以后,也自称为"鄙人"。如"鄙人不慧,将有志于世"(马中锡《中山狼传》)。

对尊辈或平辈自称其名。如"夫以秦王之威,而相如廷叱之"(《史记·廉颇蔺相如列传》)。有时候,写作"某",其实也是自称其名。如"某启"（王安石《答司马谏议书》）。正式写信，实际上还是写本名的，只是在起草的时候，为了省事，可以用"某"代本名，因此，王安石《答司马谏议书》中的"某启"，实际上就是"安石启"。下文还有四个"某"，都是"安石"的意思。

君对臣，自称"寡人"，这是春秋战国时代的称呼，如"寡人无疾"（《韩非子·扁鹊见蔡桓公》）。又自称"孤"，这是战国以后的称呼，如"孤不度德量力"（《三国志·隆中对》）。

第二人称　第二人称就是说话人称呼对话人。在古代汉语里，第二人称代词有"汝""尔"。但是，在表示尊敬或客气的时候，第二人称常常改用敬称。

臣对君，称"君"（春秋时代），称"王"或"大王"（战国时代及后代），如"君有疾在腠理"（《韩非子·扁鹊见蔡桓公》），又如"五步之内，相如请得以颈血溅大王矣"（《史记·廉颇蔺相如列传》）。又称皇帝为"陛下"，如《史记·淮阴侯列传》："陛下不能将兵，而善将将。（您不会统率士兵，但是您很会统率将军。）"

对一般人表示客气，称"子"，如《诗经·郑风·褰裳》："子不我思，岂无他人？"也称"君"，如《三国志·隆中对》："君谓计将安出？"又称"足下"，如《史记·陈涉世家》："足下事皆成。"又称"公"，如《史记·陈涉世家》："公等遇雨。"

对有爵位的人称他的爵位，如《三国志·隆中对》："将军身率益州之众出于秦川，百姓孰敢不箪食壶浆以迎将军者乎？"又如

《史记·廉颇蔺相如列传》："鄙贱之人，不知将军宽之至此也。"

对长者，称"先生"，如马中锡《中山狼传》："先生岂有志于济物哉？"

对朋友，称其字。古人有名有字，如：司马光名光，字君实；王安石名安石，字介甫。尊辈对卑辈，可以直呼其名，如果对平辈，就该称其字，才算有礼貌，如王安石《答司马谏议书》："重念蒙君实视遇厚，于反复不宜卤莽，故今具道所以，冀君实或见恕也。"

第三人称　第三人称是称呼说话人同对话人说起的另一个人或另一些人。在古代汉语里，第三人称代词是"其""之"等。第三人称也有敬称，这种敬称一般就是那人的身份。如《史记·廉颇蔺相如列传》："公之视廉将军孰与秦王？"

以上所述，只是比较常见的谦称和敬称。此外还有许多谦称和敬称，这里不详细讲了。

[清] 董邦达 《断桥残雪》

第六章　古代汉语的语法

　　语法,指的是语言的结构方式。就汉语来说,主要是讲词与词的关系、虚词的用法、句子的结构。在本章里,我们着重讲古代语法与现代语法不同的地方。我们打算分七节来讲:①词类、词性的变换;②虚词;③句子的构成——判断句;④倒装句;⑤句子的词组化;⑥双宾语;⑦省略。

一、词类、词性的变换

（一）词类

古代汉语的词类，跟现代汉语的词类大致相同：总共可以分成十一类[1]，即名词、动词、形容词、数词、量词、代词、副词、介词、连词、助词、叹词。现在分别加以叙述。

1.名词

表示人或事物的名称的词，叫作名词。例如：

其剑自舟中坠于水。（《吕氏春秋·刻舟求剑》）

黔无驴，有好事者船载以入。（柳宗元《黔之驴》）

时大风雪，旌旗裂。（司马光《李愬雪夜入蔡州》）

2.动词

表示人或事物的动作、行为、发展变化的词，叫作动词。例如：

---

1 关于词类，这里的说法和我主编的《古代汉语》略有不同，因为这里要与中学《语文》课本的说法取得一致。

一屠晚归，担中肉尽。(蒲松龄《狼》)

木兰当户织。(《木兰诗》)

谍报敌骑至。(徐珂《冯婉贞》)

在现代汉语里，动词下面还有三个附类：①判断词，即"是"字；②能愿动词，即"能够""会""可以""应该""肯""敢"等；③趋向动词，即"走来"的"来"、"放下"的"下"、"跳下去"的"下去"等。判断词和趋向动词在古代汉语里都是少见的（参看本章第三节），能愿动词则是常见的。例如：

以君之力，曾不能损魁父之丘。(《列子·愚公移山》)

郑人有欲买履者。(《韩非子·郑人买履》)

尔安敢轻吾射！(欧阳修《卖油翁》)

3.形容词

表示人或事物的形状、性质的词，表示动作、行为、发展变化的状态的词，叫作形容词。例如：

寒暑易节。(《列子·愚公移山》)

肉食者鄙，未能远谋。(《左传·曹刿论战》)

将军身被坚执锐，伐无道，诛暴秦。(《史记·陈涉世家》)

4.数词

表示数目的词叫作数词。例如：

而戍死者固十六七。(《史记·陈涉世家》)

一桌、一椅、一扇、一抚尺而已。(林嗣环《口技》)

策勋十二转，赏赐百千强。(《木兰诗》)

5.量词

表示人或事物的单位的词，表示动作、行为的单位的词，叫作量词。例如：

距圆明园十里，有村曰谢庄。(徐珂《冯婉贞》)

欲穷千里目，更上一层楼。(王之涣《登鹳雀楼》)

军书十二卷，卷卷有爷名。(《木兰诗》)

孤帆一片日边来。(李白《望天门山》)

　　量词还可以细分为两种：一种是度量衡的单位和其他规定的单位，如"亩""卷"等；另一种是天然单位，如"匹""张"等。在现代汉语里，表示天然单位时，数词很少与名词直接组合，一般总有量词作为中介；在古代汉语里，表示天然单位时，数词经常与名词直接组合，不需要量词作为中介。例如"一桌""一椅""一扇""一抚尺"，并不说成"一张桌""一把椅""一把扇""一把抚尺"。

　　量词又可以分为名量词、动量词。名量词是"个""只""张""把"等。动量词是"次""趟""回""下"等。在古代汉语里，不但名量词是罕用的，动量词也是罕用的。夏禹治水，"三过其门而不入"，不说"过三次"。又如：

齐人三鼓。(《左传·曹刿论战》)

于是秦王不怿，为一击缻。(《史记·廉颇蔺相如列传》)

客莆田徐生为予三致其种。(徐光启《甘薯疏序》)

6. 代词

代替名词、动词、形容词或数量词的词，叫作代词。例如：

会长老，问之民所疾苦。(褚少孙《西门豹治邺》)

方欲行，转视积薪后，一狼洞其中，意将隧入以攻其后也。(蒲松龄《狼》)

余幼好此奇服兮。(《楚辞·涉江》)

余将告于莅事者，更若役，复若赋，则何如？(柳宗元《捕蛇者说》)

谁可使者？(《史记·廉颇蔺相如列传》)

吾终当有以活汝。(马中锡《中山狼传》)

7. 副词

有一类词，经常用在动词或形容词的前面，表示程度、范围、

时间等等,这类词叫作副词。例如:

> 度已失期。(《史记·陈涉世家》)
>
> 陈胜、吴广乃谋曰……(《史记·陈涉世家》)
>
> 尉果笞广。(《史记·陈涉世家》)
>
> 皆指目陈胜。(《史记·陈涉世家》)
>
> 吴广素爱人。(《史记·陈涉世家》)
>
> 膑亦孙武之后世子孙也。孙膑尝与庞涓俱学兵法。庞涓既事魏,得为惠王将军。(《史记·孙膑》)
>
> 于是宾客无不变色离席,奋袖出臂,两股战战,几欲先走。(林嗣环《口技》)

8.介词

有一类词,同它后面的名词、代词等组合起来,经常用在动词、形容词的前面或后面,表示处所、方向、时间、对象等等,这类词叫作介词。例如:

> 何不试之以足?(《韩非子·郑人买履》)
>
> 生乎吾后,其闻道也,亦先乎吾。(韩愈《师说》)
>
> 叫嚣乎东西,隳突乎南北。(柳宗元《捕蛇者说》)
>
> 乃取一葫芦置于地。(欧阳修《卖油翁》)

9.连词

把两个词或两个比词大的单位连接起来的词,叫作连词。

例如:

> 与王及诸公子逐射千金。(《史记·孙膑》)
>
> 既驰三辈毕,而田忌一不胜而再胜。(《史记·孙膑》)
>
> 于其身也,则耻师焉。(韩愈《师说》)
>
> 居庙堂之高则忧其民;处江湖之远则忧其君。(范仲淹《岳阳楼记》)

10.助词

助词附着在一个词、一个词组或一个句子上,起辅助作用。

在现代汉语里,助词可以分为三类:①结构助词,如"的";②时态助词,如"着""了""过";③语气助词,如"啊""吗""呢""吧"。古代汉语文言文里,时态助词非常罕见(上古汉语没有时态助词),常见的只有结构助词和语气助词。例如:

遂率子孙荷担者三夫。(《列子·愚公移山》)

自此,冀之南,汉之阴,无陇断焉。(《列子·愚公移山》)

诸将请所之。(司马光《李愬雪夜入蔡州》)

以上是结构助词。

虎见之,庞然大物也。(柳宗元《黔之驴》)

今虽死乎此,比吾乡邻之死则已后矣。(柳宗元《捕蛇者说》)

以上是语气助词。

11.叹词

表示感叹或呼唤应答的声音的词,叫作叹词。例如:

以上十一类词可以合成两大类,即实词和虚词。能够单独用来回答问题,有比较实在的意义的词叫作实词;不能单独用来回答问题,也没有实在的意义,但是有帮助造句作用的词叫作虚词。一般以名词、动词、形容词、数词、量词、代词为实词,副词、介词、连词、助词、叹词为虚词。但是代词所指人或事物是不固定的("他"可以指张三,也可以指李四),在古代汉语里,许多代词都不能单独用来回答问题(如"其""之"),所以从前的语法学家把代词归入虚词一类。下节讲虚词时,我们也是把代词归入虚词的。

(二)词性的变化

词入句子以后,性质可以改变,如名词变动词、形容词变动词,等等。这叫作词性的变换。现在将古代汉语里与现代汉语不同的四种词性变换提出来讲一讲。

1.名词变动词

事物和行为发生某种关系,古人以事物的名称表示某种行为,于是名词变了动词。例如:

石之铿然有声者，所在皆是也，而此独以钟名，何哉？（苏轼《石钟山记》）

人有百口，口有百舌，不能名其一处也。（林嗣环《口技》）

驴不胜怒，蹄之。（柳宗元《黔之驴》）

皆指目陈胜。（《史记·陈涉世家》）

乃钻火烛之。（《史记·孙膑》）

假舟楫者，非能水也，而绝江河。（《荀子·劝学》）

孔子师郯子、苌弘、师襄、老聃。（韩愈《师说》）

齐威王欲将孙膑。（《史记·孙膑》）

公将鼓之。（《左传·曹刿论战》）

策蹇驴，囊图书。（马中锡《中山狼传》）

先生之恩，生死而肉骨也。（马中锡《中山狼传》）

大喜，笼归。（蒲松龄《促织》）

2.形容词变动词

这又可以分为两种情况：第一种是使某物变成某种状况，叫作"使动"；第二种是把事物看成某种状况，叫作"意动"。

"使动"的例子：

敌人远我，欲以火器困我也。(徐珂《冯婉贞》)

（"远我"，是使我距离远。）

吾所以为此者，以先国家之急而后私仇也。(《史记·廉颇蔺相如列传》)

其必曰"先天下之忧而忧，后天下之乐而乐"乎。(范仲淹《岳阳楼记》)

乃出图书，空囊橐。(马中锡《中山狼传》)

（"空囊橐"，使囊橐空。）

专其利三世矣。(柳宗元《捕蛇者说》)

"意动"的例子：

贼易之。(柳宗元《童区寄传》)

（"易"，以为容易对付。）

刺史颜证奇之。(柳宗元《童区寄传》)

（"奇"，以为奇特。）

愬然之。(司马光《李愬雪夜入蔡州》)

3.不及物动词变及物动词

不及物动词是经常不带宾语的动词，及物动词是经常带宾语的动词。拿现代汉语说，"起来""下去"等是不及物动词，"拿""打"等是及物动词。在古代汉语里，不及物动词变及物动词也是一种"使动"。例如：

广故数言欲亡，忿恚尉。(《史记·陈涉世家》)

("忿恚尉"是使尉发脾气。)

臣舍人相如止臣。(《史记·廉颇蔺相如列传》)

("止臣"是叫我不要这样做。)

然得而腊之以为饵，可以已大风、挛踠、瘘、疠，去死肌，杀三虫。(柳宗元《捕蛇者说》)

("已"是使止，"去"是使去。)

君将哀而生之乎?(柳宗元《捕蛇者说》)

("生"是使活下去。)

殚其地之出，竭其庐之入。(柳宗元《捕蛇者说》)

("殚""竭"都是使尽的意思。)

先生之恩，生死而肉骨也。(马中锡《中山狼传》)

("生死"是使死者复生。)

乃出图书，空囊橐。(马中锡《中山狼传》)

（"出"是使出，拿出来。）

下首至尾。(马中锡《中山狼传》)

（"下"是放下。）

又数刀，毙之。(蒲松龄《狼》)

（"毙"是使毙，即杀死。）

4. 名词用如副词（用作状语）

副词是用作状语的。如果名词用作状语，也就用如副词。

例如：

肉食者谋之。(《左传·曹刿论战》)

而相如廷叱之。(《史记·廉颇蔺相如列传》)

得佳者笼养之。(蒲松龄《促织》)

有狼当道，人立而啼。(马中锡《中山狼传》)

猬缩蠖屈，蛇盘龟息。(马中锡《中山狼传》)

道中手自抄录。(文天祥《指南录后序》)

将军身被坚执锐。(《史记·陈涉世家》)

元济于城上请罪，进城梯而下之。(司马光《李愬雪夜入蔡州》)

以上所讲的词性的变换，是古代汉语的主要特点之一，是值得特别注意的。

二、虚词

虚词在汉语语法中起着很重要的作用。古代汉语的虚词和现代汉语的虚词有很大的差别。这里着重讲古代汉语的虚词。虚词不能全讲，只拣重要的、古今差别较大的来讲。我们不打算按词类分开讲，因为有些词是兼属两三类的。我们按音序来分先后，只是为了查阅的便利罢了。我们打算讲十八个虚词，它们是：

1. ér 而	2. fú 夫	3. gài 盖
4. hū 乎	5. qí 其	6. shì 是
7. suǒ 所	8. wèi 为	9. yān 焉
10. yé 耶	11. yě 也	12. yǐ 以
13. yǐ 矣	14. yǔ 与	15. zāi 哉
16. zé 则	17. zhě 者	18. zhī 之

而

"而"是连词。它有三种主要的用法：

第一种用法等于现代的"而且"。例如：

国险而民附。(《三国志·隆中对》)

号呼而转徙，饥渴而顿踣。(柳宗元《捕蛇者说》)

中峨冠而多髯者为东坡。(魏学洢《核舟记》)

但是，不是每一个"而"字都能译成现代的"而且"，有些"而"字只能不译，它只表示前后两件事的密切关系。例如：

自吾氏三世居是乡，积于今六十岁矣，而乡邻之生日蹙。(柳宗元《捕蛇者说》)

惑而不从师，其为惑也，终不解矣。(韩愈《师说》)

第二种用法等于现代的"可是""但是"。例如：

此用武之国，而其主不能守。(《三国志·隆中对》)

舟已行矣，而剑不行。(《吕氏春秋·刻舟求剑》)

狼亦黠矣，而顷刻两毙。(蒲松龄《狼》)

西人长火器而短技击。(徐珂《冯婉贞》)

以枪上刺刀相搏击，而便捷猛鸷终弗逮。(徐珂《冯婉贞》)

第三种用法是把行为的方式或时间和行为联系起来。这种"而"字，也不能译成现代汉语。例如：

哗然而骇者，虽鸡狗不得宁焉。(柳宗元《捕蛇者说》)

捷禽鸷兽应弦而倒者，不可胜数。(马中锡《中山狼传》)

狼失声而逋。(马中锡《中山狼传》)

除了上述三种用法之外，还有一种比较特殊的用法，就是当"如果"讲。例如：

诸君无意则已，诸君而有意，瞻予马首可也。(徐珂《冯婉贞》)

夫

"夫"字有三种主要用法：

第一种"夫"字是助词，它用在句子开头，有引起议论的作用，有"我们须知""大家知道"的意味。例如：

夫解杂乱纷纠者不控卷，救斗者不搏撠。(《史记·孙膑》)

夫赵强而燕弱，而君幸于赵王，故燕王欲结于君。(《史记·廉颇蔺相如列传》)

夫寒之于衣，不待轻暖；饥之于食，不待甘旨。(晁错《论贵粟疏》)

夫六国与秦皆诸侯，其势弱于秦，而犹有可以不赂而胜之之势。苟以天下之大，下而从六国破亡之故事，是又在六国下矣！(苏洵《六国论》)

夫羊，一童子可制之，如是其驯也，尚以多歧而亡；狼非羊比，而中山之歧可以亡羊者何限？(马中锡《中山狼传》)

第二种"夫"字是代词（指示代词），略等于现代的"这个""那个""那些"等，但是语意较轻。例如：

且鄙人虽愚，独不知夫狼乎？（马中锡《中山狼传》）

故为之说，以俟夫观人风者得焉。（柳宗元《捕蛇者说》）

予观夫巴陵胜状，在洞庭一湖。（范仲淹《岳阳楼记》）

第三种"夫"字是句尾助词，表示感叹语气。例如：

嗟夫！予尝求古仁人之心，或异二者之为，何哉？（范仲淹《岳阳楼记》）

悲夫！有如此之势，而为秦人积威之所劫，日削月割，以趋于亡。（苏洵《六国论》）

一人飞升，仙及鸡犬，信夫！（蒲松龄《促织》）

盖

"盖"字是副词，表示"大概""大概是"。例如：

未几,敌兵果舁炮至,盖五六百人也。(徐珂《冯
婉贞》)

尝贻余核舟一,盖大苏泛赤壁云。(魏学洢《核
舟记》)

盖简桃核修狭者为之。(魏学洢《核舟记》)

"盖"字又是句首助词,仍带一些"大概"的意味,表示下边说
的话是一种带推测性的论断。例如:

盖儒者所争,尤在于名实。(王安石《答司马谏
议书》)

盖将自其变者而观之,则天地曾不能以一瞬;自
其不变者而观之,则物与我皆无尽也。(苏轼《前赤
壁赋》)

"盖"字又是连词,表示"因为"的意思,仍带推测性的论断。
例如:

余是以记之,盖叹郦元之简,而笑李渤之陋也。
(苏轼《石钟山记》)

及敌枪再击,寨中人又鹜伏矣。盖借寨墙为蔽也。(徐珂《冯婉贞》)

乎

"乎"是语气词,表示疑问,略等于现代的"吗"。这是最常见的用法。例如:

若毒之乎?(柳宗元《捕蛇者说》)

汝亦知射乎?吾射不亦精乎?(欧阳修《卖油翁》)

有时候表示反问。例如:

求剑若此,不亦惑乎?(《吕氏春秋·刻舟求剑》)

览物之情,得无异乎?(范仲淹《岳阳楼记》)

有时候表示揣测,略等于现代的"吧"。例如:

莫如以吾所长攻敌所短,操刀挟盾,猱进鸷击,或能免乎?(徐珂《冯婉贞》)

助词"乎"字又表示停顿，没有什么意义。例如：

> 知不可乎骤得，托遗响于悲风。(苏轼《前赤壁赋》)

"乎"又是介词，等于"于"字。例如：

> 生乎吾前，其闻道也固先乎吾，吾从而师之；生乎吾后，其闻道也亦先乎吾，吾从而师之。(韩愈《师说》)
> 叫嚣乎东西，隳突乎南北。(柳宗元《捕蛇者说》)

其

"其"字是代词，等于现代的"他的""她的""它的""他们的""她们的""它们的"。例如：

> 帝感其诚。(《列子·愚公移山》)
> 断其喉，尽其肉，乃去。(柳宗元《黔之驴》)

有时候，"其"字只能译成"他""她""它"等，不能译成"他的"

"她的""它的"等。但是这些"其"字及其后面的动词（及其宾语）只构成句子的一部分，不能成为完整的句子。例如：

> 未知其死也。（《史记·陈涉世家》）
>
> （不能单说"其死"。）
>
> 其闻道也，固先乎吾。（韩愈《师说》）
>
> （不能单说"其闻道"。）
>
> 惧其不已也。（《列子·愚公移山》）
>
> （不能单说"其不已"。）

如果把现代汉语的"他死了"译成古代汉语的"其死矣"，那是不合古代汉语语法的。

"其"字又等于说"其中的"。例如：

> 邺三老、廷掾常岁赋敛百姓，收取其钱得数百万，用其二三十万为河伯娶妇。（褚少孙《西门豹治邺》）
>
> 因得观所谓石钟者。寺僧使小童持斧，于乱石间择其一二扣之。（苏轼《石钟山记》）

"其"字又可以译成"那个""这种"。例如：

至其时，西门豹往会之河上。(褚少孙《西门豹治邺》)

臣窃以为其人勇士，有智谋。(《史记·廉颇蔺相如列传》)

有蒋氏者，专其利三世矣。(柳宗元《捕蛇者说》)

"其"字又是语气助词，放在句子开头或中间，表示揣测等语气。例如：

今其智乃反不能及，其可怪也欤！(韩愈《师说》)

是

"是"字在古代汉语里，最普通的用法是用作代词，当"这""那"讲。例如：

孰知赋敛之毒有甚是蛇者乎？(柳宗元《捕蛇者说》)

是年谢庄办团。(徐珂《冯婉贞》)

"于""是"二字连用，表示"在这个地方""在这个时候"。有时候，"于是"的意思更灵活一些，表示后一事紧接前一事。例如：

> 于是集谢庄少年之精技击者而诏之曰……（徐珂《冯婉贞》）

上文说过，古代文言文一般不用判断词"是"字。在某些地方，虽然译成现代"是"字（判断词）似乎也讲得通，但仍然应该译成"这""那"。例如：

> 是进亦忧，退亦忧。然则何时而乐耶？（范仲淹《岳阳楼记》）
>
> （句意：这样，进也忧，退也忧，那么，什么时候才快乐呢？）

所

"所"字是结构助词，它经常跟动词结合，造成一个具有名词性质的结构。例如：

　　鲁直左手执卷末，右手指卷，如有所语。（魏学洢《核舟记》）

　　君子慎其所立乎。（《荀子·劝学》）

　　女亦无所思，女亦无所忆。（《木兰诗》）

　　可汗问所欲。（《木兰诗》）

　　婉贞挥刀奋斫，所当无不披靡。（徐珂《冯婉贞》）

　　"所"字也可以跟形容词结合。但是，在这种情况下，形容词已变为带动词的性质。例如：

　　莫如以吾所长攻敌所短。（徐珂《冯婉贞》）

　　（所长，等于说"所擅长"；所短，等于说"所欠缺"。）

　　"所"字和动词的中间，也可以插进副词或介词。例如：

　　自张柴村以东道路皆官军所未尝行。（司马光《李愬雪夜入蔡州》）

　　是吾剑之所从坠。（《吕氏春秋·刻舟求剑》）

在现代汉语里，没有什么虚词能跟"所"字相当，因此，有时候就沿用古代的"所"字。有时候，人们用"的"字译"所"字，如把"何所思"译成"想的是什么"；有时候，人们用"什么……的"译"所"字，如把"如有所语"译成"好像有什么说的"。这些都只是译出大意，并不是说古代的"所"等于现代的"的"。

"所"字及其动词后面，有时候还可以跟着一个"者"字。例如：

所击杀者无虑百十人。(徐珂《冯婉贞》)

又可以跟着一个名词或名词性词组。例如：

乃丹书帛曰"陈胜王"，置人所罾鱼腹中。(《史记·陈涉世家》)

名词前面还可以加个"之"字，如"所罾之鱼"等。

特别要注意的是"所""以"二字连用。古代的"所以"不同于现代的"所以"。古代的"所以"，是追究一个为什么，或者说明为了什么。例如：

故君子居必择乡，游必就士，所以防邪僻而近中正也。(《荀子·劝学》)

(大意是，君子居必择乡，游必就士，是为了防邪僻，近中正。)

师者，所以传道受业解惑也。(韩愈《师说》)

(大意是，老师，是为了传授道理，教给学业，解释疑难问题的。)

余叩所以。(方苞《狱中杂记》)

(大意是，我问这是为什么。)

此所以染者众也。(方苞《狱中杂记》)

(大意是，这就是染病人多的原因。)

"所"字另一用法是跟"为"字呼应，表示被动。例如：

仅有敌船为火所焚。(周密《观潮》)

这种"所"字，在文言、白话对译中，也是可以不必翻译的。

为

　　"为"（wèi）是介词，有"给""替""为了""因为"等意思。例如：

> 苦为河伯娶妇。(褚少孙《西门豹治邺》)
>
> 愿为市鞍马，从此替爷征。(《木兰诗》)

　　"为"（wéi）也是介词，跟"所"字呼应，表示被动。这种"为"字可以译成"被"字。例如：

> 仅有敌船为火所焚。(周密《观潮》)
>
> 行将为人所并。(司马光《赤壁之战》)

　　"为"（wéi）又是语气助词，用在句末，往往与"何"字呼应，表示反问。例如：

> 如今人方为刀俎，我为鱼肉，何辞为？(《史记·鸿门宴》)

焉

"焉"字等于介词"于"加代词"是",放在一句的末尾。例如：

> 自此，冀之南，汉之阴，无陇断焉。(《列子·愚公移山》)
>
> ("无陇断焉"，无陇断于是，即冀南、汉阴无陇断。)
>
> 积水成渊，蛟龙生焉。(《荀子·劝学》)
>
> ("蛟龙生焉"，蛟龙生于是，即生于渊中。)
>
> 去村四里有森林，阴翳蔽日，伏焉。(徐珂《冯婉贞》)
>
> ("伏焉"，伏于是，即伏于森林之中。)

有时候，"焉"字并不表示"于是"的意思，只是用来煞句。例如：

> 寒暑易节，始一反焉。(《列子·愚公移山》)
>
> 句读之不知，惑之不解，或师焉，或不焉。(韩愈《师说》)

　　“焉”字又是副词，表示反问，等于现代的“怎么”或“哪里”。
例如：

<blockquote>
且焉置土石？(《列子·愚公移山》)
</blockquote>

耶

　　“耶”又写作“邪”，是语气助词，表示疑问或反问。它比“乎”字语气较轻，略等于现代的“吗”。例如：

<blockquote>
六国互丧，率赂秦耶？(苏洵《六国论》)
</blockquote>

　　如果前面有疑问代词或疑问副词，则略等于现代的“呢”。例如：

<blockquote>
又安敢毒耶？(柳宗元《捕蛇者说》)

何忧令名不彰邪？(刘义庆《世说新语·周处》)

岂可近耶？(柳宗元《童区寄传》)

主上宵旰，宁大将安乐时耶！(毕沅《岳飞》)
</blockquote>

也

"也"是语气助词,表示判断语气。在文白对译时,这种"也"字不必翻译,但是在译文中应该加一个判断词"是"字。例如:

> 陈胜者,阳城人也。(《史记·陈涉世家》)
>
> (陈胜是阳城人。)

> 道之所存,师之所存也。(韩愈《师说》)
>
> (道之所在,就是师之所在。)

> 此,劲敌也。(徐珂《冯婉贞》)
>
> (这是强大的敌人。)

"也"字也可以解释疑问,说明原因。例如:

> 于是赵王乃斋戒五日,使臣奉璧,拜送书于庭。何者?严大国之威以修敬也。(《史记·廉颇蔺相如列传》)
>
> 强秦之所以不敢加兵于赵者,徒以吾两人在也。

（《史记·廉颇蔺相如列传》）

　　吾所以为此者，以先国家之急而后私仇也。(《史
记·廉颇蔺相如列传》)

　　臣所以去亲戚而事君者，徒慕君之高义也。(《史
记·廉颇蔺相如列传》)

　　有时候，"也"字并非解释疑问或说明原因，而是表示简单的肯定和否定。这些地方可以翻译为"是……的"或"啊""呢"等。例如：

　　子子孙孙无穷匮也。(《列子·愚公移山》)

　　并力西向，则吾恐秦人食之不得下咽也。(苏洵
《六国论》)

　　小学而大遗，吾未见其明也。(韩愈《师说》)

　　则吾斯役之不幸，未若复吾赋不幸之甚也。(柳宗
元《捕蛇者说》)

　　有时候，"也"字不是用来煞句，而是用来引起下面的分句。例如：

惩山北之塞，出入之迂也，聚室而谋曰……(《列子·愚公移山》)

于其身也，则耻师焉，惑矣。(韩愈《师说》)

以

"以"字的用法颇多，现在只讲四种比较常见的用法：

(1)最常见的用法是用作介词，表示"拿""用"的意思。例如：

何不试之以足？(《韩非子·郑人买履》)

以残年余力，曾不能毁山之一毛。(《列子·愚公移山》)

敌人远我，欲以火器困我也。(徐珂《冯婉贞》)

(2)作为介词，表示"为了""因为""由于"。例如：

吾所以为此者，以先国家之急而后私仇也。(《史记·廉颇蔺相如列传》)

(这是"为了"。)

强秦之所以不敢加兵于赵者，徒以吾两人在也。

(《史记·廉颇蔺相如列传》)

（这是"因为"。）

以我酌油知之。(欧阳修《卖油翁》)

（这是"由于"。）

(3)作为连词，表示目的，等于说"来"或"以便"。例如：

吾必尽吾力以拯吾村。(徐珂《冯婉贞》)

（尽我的力量来救我的村子。）

时墨者东郭先生将北适中山以干仕。(马中锡《中山狼传》)

（去中山以便求官。）

(4)作为连词，用法同"而"，可以译成"而且"。例如：

就其善者，其声清以浮，其节数以急。(韩愈《送孟东野序》)

古之君子，其责己也重以周，其待人也轻以约。(韩愈《原毁》)

矣

"矣"字是语气助词，用在句末，等于现代的"了"或"啦"。

例如：

> 舟已行矣。(《吕氏春秋·刻舟求剑》)
>
> 官军至矣！(司马光《李愬雪夜入蔡州》)
>
> 事急矣，惟先生，速图！(马中锡《中山狼传》)
>
> 我将逝矣。(马中锡《中山狼传》)

与

"与"字是连词，跟现代的"和"相当。例如：

> 吾与汝毕力平险。(《列子·愚公移山》)
>
> 尝与人佣耕。(《史记·陈涉世家》)

"与"又是介词，跟现代的"同"相当。例如：

> 此犹文轩之与敝舆也。(《墨子·公输》)
>
> 白沙在涅，与之俱黑。(《荀子·劝学》)

"与""其"二字连用,跟后面的"孰若"相应,用来比较两件事的利害得失。例如:

"与"又读 yú(阳平声),后来又写成"欤"。这是语气助词,用在句末,表示疑问,跟"耶"的意思差不多,也可以译成"吗"或"呢"。例如:

有时候,"与"(欤)又表示一种感叹语气或揣测语气,略等于现代的"啊"或"吧"。例如:

哉

"哉"是语气助词,用在句末,表示感叹。可译为"啊"。
例如:

嘻,技亦灵怪矣哉!(魏学洢《核舟记》)

在多数情况下,"哉"字与疑问词相应表示反问,但仍带感叹
语气,可以译为"吗"或"呢"。例如:

先生岂有志于济物哉?(马中锡《中山狼传》)
禽兽之变诈几何哉?(蒲松龄《狼》)

则

"则"是连词,表示两件事的先后相承的关系。可以译为现
代的"就"。例如:

非死则徙尔。(柳宗元《捕蛇者说》)
其余,则熙熙而乐。(柳宗元《捕蛇者说》)

有时候，"则"字应该译成"那么""那么……就"。例如：

> 君不如肉袒伏斧质请罪，则幸得脱矣。(《史记·廉颇蔺相如列传》)
>
> 三十日不还，则请立太子为王，以绝秦望。(《史记·廉颇蔺相如列传》)
>
> 君将哀而生之乎？则吾斯役之不幸，未若复吾赋不幸之甚也。向吾不为斯役，则久已病矣。(柳宗元《捕蛇者说》)

者

"者"字是结构助词，它经常附在动词或形容词的后面，组成名词性的结构，一般可把"者"字译成"的"。例如：

> 存者且偷生，死者长已矣！(杜甫《石壕吏》)

有时候，译成"的人"更合适些。例如：

募有能捕之者。(柳宗元《捕蛇者说》)
京中有善口技者。(林嗣环《口技》)

有时候,"者"字不再能译为"的",它只是和前面的字合成一个名词。例如:

时墨者东郭先生将北适中山以干仕。(马中锡《中山狼传》)
曩者霸上、棘门军,若儿戏耳。(《史记·周亚夫军细柳》)

"者"字又是语气助词,用于句末,等于现代的"似的"。例如:

言之,貌若甚戚者。(柳宗元《捕蛇者说》)
然往来视之,觉无异能者。(柳宗元《黔之驴》)

"者"字又放在小停顿的前面(在书面语言中放在逗号前面),表示下面将要有所解释。例如:

北山愚公者，年且九十，面山而居。(《列子·愚公移山》)

诸葛孔明者，卧龙也。(《三国志·隆中对》)

师者，所以传道授业解惑也。(韩愈《师说》)

开火者，军中发枪之号也。(徐珂《冯婉贞》)

如果要解释原因，也可以采取这个方式。例如：

强秦之所以不敢加兵于赵者，徒以吾两人在也。(《史记·廉颇蔺相如列传》)

吾所以为此者，以先国家之急而后私仇也。(《史记·廉颇蔺相如列传》)

之

"之"字有两种主要用法：一种是用作代词，另一种是用作结构助词。

"之"字用作代词，表示"他""她""它""他们""她们""它们"，但是只能用在动词的后面，不能用在动词的前面。例如：

郑人有欲买履者,先自度其足而置之其坐。至之市,而忘操之。(《韩非子·郑人买履》)

有遗男,始龀,跳往助之。(《列子·愚公移山》)

注意:有些"之"字虽可解释为"它",但不能翻译为"它"。现代汉语在这种地方用"它"就很别扭,这也是古今语法不同的地方。例如:

"吾祖死于是,吾父死于是。今吾嗣为之十二年,几死者数矣。"言之,貌若甚戚者。(柳宗元《捕蛇者说》)

("之"指"吾祖死于是,吾父死于是……"这一件事。)

以我酌油知之。(欧阳修《卖油翁》)

("之"指手熟就能善射的道理。)

有时候,甚至前面没有说到什么,也可以来一个"之"。例如:

怅恨久之。(《史记·陈涉世家》)

人非生而知之者,孰能无惑?(韩愈《师说》)

如有离违,宜别图之。(司马光《赤壁之战》)

"之"字用作结构助词,使名词和前面的词发生关系,略等于现代的"的"字。例如:

故不登高山,不知天之高也;不临深溪,不知地之厚也。(《荀子·劝学》)

生于高山之上,而临百仞之渊。(《荀子·劝学》)

有时候,"之"字后面不是一个名词,而是颇长的一个结构,那么,这个结构也该认为带有名词的性质。例如:

则吾恐秦人食之不得下咽也。(苏洵《六国论》)

下文第五节讲到"句子的词组化"时,还要再讲这个问题。

三、句子的构成——判断句

一般的句子由主语和谓语两部分组成。主语部分是陈述的对象，谓语部分就是陈述的话。例如：

> 妇‖抚儿乳。(林嗣环《口技》)
>
> 黔‖无驴。(柳宗元《黔之驴》)

主语部分里的主要的词叫作主语；谓语部分里的主要的词叫作谓语。例如：

> 君之病‖在肠胃。(《韩非子·扁鹊见蔡桓公》)
>
> ("病"，主语；"在"，谓语。)
>
> 公‖亦以此自矜。(欧阳修《卖油翁》)
>
> ("公"，主语；"矜"，谓语。)

句子里除了主语和谓语以外，还常常要用一些词作连带成分。一般讲连带成分，指的是宾语、定语、状语。

宾语表示行为所涉及的人或物，一般放在动词的后面，如上面所举"抚儿"的"儿","无驴"的"驴","在肠胃"的"肠胃"。
又如：

定语放在名词的前面,用来修饰、限制名词。例如上文所举
"老翁"的"老","君之病"的"君"。又如：

状语是动词、形容词前边的连带成分,用来修饰、限制动词、
形容词的。例如上面所举"公亦以此自矜"的"亦""以此""自",
"晋陶渊明独爱菊"的"独","故人西辞黄鹤楼"的"西"。又如：

由于谓语性质的不同,句子可以分为三类:①叙述句;②描写句;③判断句。

叙述句以动词为谓语。例如:

诸将请所之。(司马光《李愬雪夜入蔡州》)
四鼓,愬至城下。(司马光《李愬雪夜入蔡州》)

描写句以形容词为谓语。例如:

雄兔脚扑朔,雌兔眼迷离。(《木兰诗》)
夜半雪愈甚。(司马光《李愬雪夜入蔡州》)

判断句以名词为谓语。例如:

吴广者,阳夏人也。(《史记·陈涉世家》)
其巫,老女子也。(褚少孙《西门豹治邺》)

以上所述汉语句子的构成,大多数情况都是古今语法一致的,所以不详细加以讨论。现在只提出判断句来讨论一下,因为古代汉语的判断句和现代汉语的判断句是大不相同的。

在古代汉语里，判断句一般不是由判断词"是"字来表示的。最普通的判断句是在主语后面停顿一下（按现代的标点是用逗号表示），再说出谓语部分（即判断语），最后用语气词"也"字收尾。例如：

浙江之潮，天下之伟观也。（周密《观潮》）

（浙江的海潮，是天下雄伟的景象。）

有时候，主语后面加上一个"者"字，更足以表示停顿。例如：

师者，所以传道授业解惑也。（韩愈《师说》）

有时候，判断语很短，虽然主语后面加上"者"字，"者"字后面也不停顿。例如：

杨诚斋诗云"海涌银为郭，江横玉系腰"者是也。（周密《观潮》）

（杨诚斋诗里说的"海涌银为郭，江横玉系腰"，就是指这样的景象。这里的"是"字不是判断词，而是代词，指这样的景象。）

如果主语是个代词，中间一般就没有停顿（按现代的标点不加逗号），但是仍旧不用判断词"是"字。例如：

我区氏儿也。（柳宗元《童区寄传》）

（我是区家的孩子。）

此谋攻之法也。（《孙子兵法·谋攻》）

（这是用谋略攻取的方法。）

谁可使者？（《史记·廉颇蔺相如列传》）

（谁是可以出使的人？）

有时候，句子开头有个"是"字，但这种"是"字不是判断词，而是代词（等于现代语的"这"）。例如：

星坠木鸣，国人皆恐。曰：是何也？曰：无何也。是天地之变，阴阳之化，物之罕至者也。（《荀子·天论》）

（"是"字都应翻译作"这是"。）

有时候，句子里没有主语（主语省略了），只有谓语（判断语），更用不着判断词"是"字。例如：

对曰："忠之属也。"(《左传·曹刿论战》)

（曹刿说："这种事是尽了本职的一类事情。"）

虎见之，庞然大物也。(柳宗元《黔之驴》)

（那驴是庞然大物。）

旋见一白酋督印度卒约百人，英将也。(徐珂《冯婉贞》)

（一会儿看见白人头子率领着大约一百名印度兵，那就是英国的军官。）

有两个字能有判断词的作用：第一个是"非"字，第二个是"为"字。

"非"字可以认为是一种否定性的判断词，略等于现代语的"不是"。例如：

人非生而知之者，孰能无惑?(韩愈《师说》)

"为"字可以认为一种肯定性的判断词，略等于现代语的"是"。例如：

五代时始印《五经》，已后典籍皆为板本。(沈括《活板》)

（五代时开始印《五经》，从此以后，书籍都是板印的本子。）

若止印三二本，未为简易。(沈括《活板》)

（如果只印两三本，不能算是简便。）

若印数十百千本，则极为神速。(沈括《活板》)

（如果印数十、数百、数千本，那就是非常快速的。）

但是要注意：并不是所有的地方都用得上"为"字。例如"童寄者，郴州荛牧儿也"，在古代汉语里就很少人写成"童寄为郴州荛牧儿"，而且绝对没有人写成"童寄为郴州荛牧儿也"。

古代汉语里也不是绝对不用判断词"是"字。汉代以后，比较通俗的诗文还是用判断词"是"字的。例如：

翩翩两骑来是谁？(白居易《卖炭翁》)

（两个骑马的人翩翩而来，他们是谁呀？）

但是，就通常情况说，古代汉语是不用判断词"是"字的。这一点必须特别注意。

四、倒装句

古代汉语的句子和现代汉语的句子，结构方式不很一样。有时候，宾语放在动词的前面，若拿现代语的句法来比较，觉得用词的次序颠倒了，可以叫作"倒装句"。不过，在古人看来，却并非"倒装"，因为古代这种句法是正常的句法。现在分为四种情况来讲：

1.疑问句

在古代汉语的疑问句里，如果宾语是个代词，它就放在动词或介词的前面。例如：

卿欲何言？(司马光《赤壁之战》)

（你想说什么？）

客何为者？(《史记·鸿门宴》)

（这客人是干什么的？）

介词"与""以"本来有动词性，它的宾语也该放在它的前面。例如：

微斯人，吾谁与归？(范仲淹《岳阳楼记》)

（不是这样的人，我跟谁在一起呢？）

何以知之？(《史记·廉颇蔺相如列传》)

（你凭什么知道呢？）

注意：宾语必须是个代词，然后可以倒装。如果宾语不是代词，就不能倒装。

2. 否定句

在古代汉语否定句里，如果宾语是个代词，它就放在动词前面。例如：

古之人不余欺也。(苏轼《石钟山记》)

（古人不骗我。）

每自比于管仲、乐毅，时人莫之许也。(《三国志·隆中对》)

（当时没有谁承认他能比管仲、乐毅。）

城中皆不之觉。(司马光《李愬雪夜入蔡州》)

（城里人都不觉察它。"它"指官兵进城这回事。）

注意一：宾语必须是代词，然后可以倒装。如果宾语不是代词，即使是否定式，也不能倒装。例如："不闻爷娘唤女声"(《木兰诗》)，不能说成"不爷娘唤女声闻"；"遂不得履"(《韩非子·郑人买履》)也不能说成"遂不履得"。

注意二：否定词必须是直接放在代词宾语前面的，然后宾语可以倒装。如果句中虽有否定词但不是直接放在代词宾语前面，就不能倒装。例如：

板印书籍，唐人尚未盛为之。(沈括《活板》)

(不能说成"未盛之为"。)

不以木为之者，文理有疏密，沾水则高下不平。(沈括《活板》)

(不能说成"不以木之为"。)

3.是以

"是以"这个词组也算倒装，因为"是以"是"以是"的颠倒，是"因此"的意思(是＝此；以＝因)。例如：

今在骨髓，臣是以无请也。(《韩非子·扁鹊见蔡桓公》)

4.之、是

"之"和"是"是使句子"倒装"的一种手段。说话人把宾语提到动词前面去，只要把"之"或"是"插在宾语和动词的中间就行了。例如：

富而使人分之，则何事之有?(《庄子·天地》)

（富而让人分享，还有什么事呢?）

唯余马首是瞻。(《左传·襄公十四年》)

（只看我的马头。）

以上所述的"倒装句"都是上古时代的语法。到了中古以后，口语已经变为"顺装"，但是在文人的作品里，这种倒装句还是沿用下来了。

五、句子的词组化

　　两个或更多的词的组合，叫作词组。词和词并列地联合起来，叫作联合词组，如"工农"。定语、状语、补语和中心词组合起来，叫作偏正词组，如"中国人民的革命斗争"。动词和宾语组合起来，叫作动宾词组，如"战胜敌人"。主语和谓语组合起来做句子的一个成分的，叫作主谓词组，如"人民相信革命一定会胜利""我们不知道你来"。

　　在古代汉语里（特别是上古汉语里），主谓词组很少。凡主语和谓语组合起来，往往算是一个句子。如果要使它词组化，作为主语或宾语，还得在主语和宾语之间加上一个"之"字，使它变为偏正词组。例如《史记·廉颇蔺相如列传》"即患秦兵之来"，若依现代汉语语法，只说"就怕秦兵来"就行了（"秦兵来"在这里是个主谓词组），但若依上古汉语语法，"即患秦兵来"不成话，必须说成"即患秦兵之来"（"秦兵之来"是偏正词组）。我们从古代汉语译成现代汉语的时候，可以省去"之"字不译，只译成"就怕秦兵来"，但是，我们讲古代汉语语法的时候，仍应理解为"就怕秦兵的到来"，看成偏正词组。这又是古代汉语的重要特点之一。

　　既然古代汉语的主语和谓语结合起来一般地只构成句子而不构成词组，那么这种在主语和谓语中间插进一个"之"字的方式也就可以称为词组化。例如：

> 故不登高山，不知天之高也；不临深溪，不知地之厚也；不闻先王之遗言，不知学问之大也。(《荀子·劝学》)
>
> 且夫水之积也不厚，则其负大舟也无力。(《庄子·逍遥游》)
>
> 吾师道也，夫庸知其年之先后生于吾乎？(韩愈《师说》)
>
> 师道之不传也久矣！欲人之无惑也难矣！(韩愈《师说》)
>
> 呜呼！师道之不复，可知矣。(韩愈《师说》)
>
> 悍吏之来吾乡，叫嚣乎东西，隳突乎南北。(柳宗元《捕蛇者说》)
>
> 岂若吾乡邻之旦旦有是哉！(柳宗元《捕蛇者说》)
>
> 比吾乡邻之死则已后矣。(柳宗元《捕蛇者说》)

有时候，词组化了以后，并不作为主语，也不作为宾语，只作为不完全句，表示感叹。例如：

医之好治不病以为功！（《韩非子·扁鹊见蔡桓公》）

天之亡我，我何渡为！（《史记·项羽本纪》）

（这是天要我灭亡，我还渡江做什么！）

这种表示感叹的不完全句，中古以后就很少见了。

"其"字的意义是"××之"，所以"其"字的作用和"之"字的作用一样，也能使主谓形式词组化。例如：

操蛇之神闻之，惧其不已也。（《列子·愚公移山》）

（"其不已"是"惧"的宾语。）

秦王恐其破璧。（《史记·廉颇蔺相如列传》）

（"其破璧"是"恐"的宾语。）

六、双宾语

在现代汉语"给他书"这个结构里，共有两个宾语：第一个宾语是"他"，因为它和动词接近，叫作近宾语；第二个宾语是"书"，因为它距离动词较远，叫作远宾语。近宾语是个代词，远宾语是个名词。

在古代汉语里，"给他书"可以译成"与之书"。这类结构是常见的。但是，在古代并不限于说"给予"的时候才用双宾语，双宾语在古代汉语里的应用，比现代汉语还要广泛些。例如：

议不欲予秦璧。(《史记·廉颇蔺相如列传》)

("秦"，近宾语；"璧"，远宾语。)

相如视秦王无意偿赵城。(《史记·廉颇蔺相如列传》)

("赵"，近宾语；"城"，远宾语。)

问之民所疾苦。(褚少孙《西门豹治邺》)

("之"，近宾语；"民所疾苦"，远宾语。)

使人遗赵王书。(《史记·廉颇蔺相如列传》)

("赵王"，近宾语；"书"，远宾语。)

取吾璧，不予我城，奈何？(《史记·廉颇蔺相如列传》)

("我"，近宾语；"城"，远宾语。)

双宾语中的近宾语，往往用"我""之"等字。当译成现代汉语时，可以译为"给我""给他""为了我""为了他""对我""对他"等。

七、省略

　　古代汉语另有一种结构也显得比现代汉语简单些，那就是所谓"省略"。"省略"是省掉句子里的一个部分，如省掉主语，如《晏子使楚》："对曰'〔　〕齐人也'"，或者是省掉一个词。这里我们专讲省略一个词的情况，因为这种省略不但是常见的，而且是容易忽略的。

　　1."于"字的省略

　　动宾词组中，宾语如果是代词（有时候是名词），而后面的介词结构是"于"字加名词，那么，这个"于"字往往省略。例如：

西门豹往会之河上。（褚少孙《西门豹治邺》）

（等于说"会之于河上"。）

复投一弟子河中。（褚少孙《西门豹治邺》）

（等于说"投一弟子于河中"。）

以区区百人，投身大敌。（徐珂《冯婉贞》）

（等于说"投身于大敌"。）

　　如果谓语是不及物动词，谓语后面的介词是"于"字加名词，这个"于"字也往往省略。例如：

皆衣缯单衣，立大巫后。(褚少孙《西门豹治邺》)
（等于说"立于大巫后"。）

如果谓语是形容词，谓语后面的介词是"于"字加名词或名词性词组，介词结构表示"在……方面"，这个"于"字也往往省略。例如：

西人长火器而短技击。(徐珂《冯婉贞》)
（等于说"长于火器而短于技击"。）
火器利袭远，技击利巷战。(徐珂《冯婉贞》)
（等于说"火器便于袭远，技击便于巷战"。）

如果谓语是形容词，而介词结构表示比较，"于"字也往往省略。例如：

是儿少秦武阳二岁。(柳宗元《童区寄传》)
（等于说"少于秦武阳二岁"。）

2.介词后面代词的省略

介词如果是个"为"字（读 wèi，"为着""为了"），或者是个"以"字，介词后面是个代词（一般是"之"字），这个代词可以省略。例如：

女居其中，为具牛酒饭食。（褚少孙《西门豹治邺》）

（等于说"为之具牛酒饭食"。）

愿为市鞍马，从此替爷征。（《木兰诗》）

（等于说"愿为此买鞍马"。）

愿以闻于官。（柳宗元《童区寄传》）

（等于说"愿以之闻于官"。）

所谓省略，其实只是习惯上容许的另一种结构，不能理解为非正式的、例外的。"为具牛酒饭食"，并不比"天子为之具牛酒饭食"更少见，"愿以闻于官"，并不比"愿以之闻于官"更少见。"于"字的省略，也同样不能理解为非正式。

本章讲的是古代汉语语法，特别着重讲了古今语法不同之处。为了便于初学，叙述得特别简单。如果要深入研究古代汉语语法，还要看一些专书。

〔明〕文徵明　《山庄客至图》（局部）

汉语发展史鸟瞰

　　事物总是发展的，语言不能是例外。随着历史的发展，汉语从上古、中古、近代以至现代，经历不少的变化，才成为现在的样子。研究这些变化，成为一门科学，叫作汉语史，也叫作汉语发展史。

　　语言是发展的，在科学发达的今天，这是不容怀疑的真理。但是古人并不懂得这个真理，他们以为语言是永久不变的。儿女跟父母学话，世代相传，怎么会有变化呢？他们不知道，儿女

本文原为王力先生在香港大学的一次演讲，原载《语文园地》1981年第1期。

跟父母学话也不能百分之百相像，一代传一代，积少成多，距离拉大了，就有明显的变化。其次，由于社会的发展，新事物的产生需要新的词语来表示，旧事物的废弃也引起旧词语的淘汰，语言的变化就更大了。

现在我分为语音、语法、词汇三方面和大家谈谈汉语发展史。由于时间的限制，我只能粗线条地勾画出一个轮廓。所以我今天讲的题目叫作"汉语发展史鸟瞰"。

一、汉语语音的发展

从前人们不知道语音是发展的，不知道古音不同于今音。他们念《诗经》的时候，觉得许多地方不押韵。例如，《关雎》二章："参差荇菜，左右采之；窈窕淑女，琴瑟友之。""友"字怎能和"采"字押韵呢？于是有人猜想，诗人为了押韵，把"采"字临时改读为"此"，"友"字临时改读为"以"。这种办法叫作叶音。但是，为什么《诗经》里所有的"友"字都念"以"，没有一处读成"酉"音呢？人们没法子回答这个问题。直到明末的陈第，才提出了一个历史主义的原理，他说："时有古今，地有南北，字有更革，音有转移，亦势所必至。"他从此引出结论说，《诗经》时代，"友"字本来就念"以"，并非临时改读。他的理论是正确的，但是他的拟音还不十分正确。直到最近数十年，我们学习了历史比较法，进行了古音拟测，才知道先秦时代，"采"字的读音是[tsʻə]，"友"字的读音是[ɣiuə]，这样问题才解决了。

不但上古音和今音不同，中古音也和今音不同。不懂中古音，我们读唐宋诗词时，有些地方也感到格格不入。例如杜牧《山行》诗：

远上寒山石径斜，白云生处有人家。
停车坐爱枫林晚，霜叶红于二月花。

"斜"字用北京话读、用广州话读都不押韵，用上海话读成[ziɑ]才押韵了。因为上海话"斜"字保存了唐、宋音。又如王安石《元日》诗：

爆竹声中一岁除，春风送暖入屠苏。
千门万户曈曈日，总把新桃换旧符。

用广州话读，"除"[tsʻøy]、"苏"[sou]、"符"[fu]都不押韵，用北京话读就押韵了，因为北京话"除""苏""符"等字接近于唐、宋音。

声母方面,有两次大变化:

第一次是舌上音和轻唇音的产生。本来知、彻、澄母字是属于端、透、定母的。现代厦门话"直"字读[tit],"迟"字读[ti],"昼"字读[tiu],"除"字读[tu],"朝"字读[tiau],是保存了古声母。客家话"知"读为[ti],也保存了古声母。本来非、敷、奉、微四个声母的字是属于帮、滂、并、明的,上海"防"字读[boŋ],"肥皂"说成"皮皂",白话"问"说成"闷","闻"(嗅)说成"门","味道"说成"谜道";广州"文"读如"民","网"读如"莽","微"读如"眉",白话"新妇"(儿媳妇)说成"新袍",都是保存了古声母。舌上音大约产生于盛唐时代,轻唇音大约产生于晚唐时代。

第二次是浊音的消失。本来,汉语古声母分为清、浊两类:唇音帮、滂是清,并是浊;舌音端、透是清,定是浊;齿音精、清是清,从是浊;牙音见、溪是清,群是浊,等等。现代吴方言还保留清、浊的分别,例如"暴"[bɔ]≠"报"[pɔ]、"洞"[duŋ]≠"冻"[tuŋ]、"尽"[dzin]≠"进"[tʃin]、"轿"[dziɔ]≠"叫"[tɕiɔ],等等。现代粤方言浊音已经消失,只在声调上保留浊音的痕迹:清音字归阴调类,浊音字归阳调类,以致"暴"与"报"、"洞"与"冻"、"尽"与"进"、"轿"与"叫",都是同音不同调。北京话只有平声分阴阳,浊上变去,去声不分阴阳,以致"暴"="报"、"尽"="进"、"轿"="叫",既同音,又同调,完全混同了。浊音声母的消失,大约是从宋代开始的。

　　韵部方面，也有两次大变化：第一次是入声韵分化为去入两声。上古入声有长入、短入两类。例如，"暴"字既可以读长入[boːk]，表示残暴，又可以读短入[bok]，表示晒干（后来写作"曝"）。后来长入的"暴"字由于元音长，后面的辅音失落，变为[bo]，同时变为去声。长入变去的过程，大约是在魏晋时代完成的。第二次是入声韵部的消失。古代入声有三种韵尾：[-p][-t][-k]，和今天的广州话一样。例如，广州"邑"[jɐp]、"一"[jɐt]、"益"[jik]、"急"[kɐp]、"吉"[kɐt]、"击"[kik]。后来合并为一种韵尾：[-ʔ]，和今天的上海话一样。例如上海"邑""一""益"[iʔ]，"急""吉""击"[tɕiʔ]。最后韵尾失落，和今天的北京话一样。例如，"邑""一""益"[i]（"一"读阴平，"邑""益"读去声），"急""吉""击"[tɕi]（"击"读阴平，"急""吉"读阳平）。这最后的过程大约是在元代完成的。

　　语音的发展都是系统性的变化，就是向邻近的发音部位发展。例如，从双唇变唇齿，从舌根变舌面。有自然的变化，如歌韵的发展过程是 ɑi→ɑ→ɔ→o；有条件的变化，如舌根音在[i][y]的前面变为舌面音，北京话"击"字是由[ki]变[tɕi]，"去"字是由[kʻy]变[tɕʻy]；又如元音[u]在舌齿唇的后面变为[ou]，广州话"图"字是由[tʻu]变[tʻou]，"苏"字是由[su]变[sou]，"布"字是由[pu]变[pou]。条件的变化都只是可能的，不是必然的。

二、汉语语法的发展

语法是最富有稳定性的，但是也不能没有发展。现在举出主要的四点来谈：

第一，双音词的发展。汉语本来是所谓单音节语。除联绵字外，都是单音词。后来逐渐产生双音词，随着历史的发展，双音词越来越多了。双音词产生的主要原因是：①由于语音系统简单化，需要产生双音词，以免同音词太多。例如北京话"眼"发展为"眼睛"、"角"发展为"犄角"，就是这个道理。广州话同音词较少，因此双音词也较少。②由于社会的发展，新事物的不断产生和出现，双音词也就越来越多。新名词一般总是在旧词的基础上产生的，往往是两个旧词的组合，如"火车""轮船""电灯""电话""火柴""肥皂"等。

第二，词尾的发展。名词词尾"子""儿"，人称代词词尾"们"，形容词词尾"的"，副词词尾"地"，动词词尾"了""着""过"，都是近世产生的。这是汉语语法的大发展。尤其是表示情貌（aspect）的动词词尾"了""着""过"，最能反映汉民族逻辑思维的发展。

第三，量词的发展。上古时代，汉语的量词是很少的，只有"车千乘""马千匹"一类的量词，而且这些量词是放在名词后面的。"一个人""一所房子""三条鱼""五棵树"等,其中的量词,是比较后起的了。另有一种动量,如"来了八次""听了一回""再说一遍"等,那就更晚。这也是汉语语法的大发展。

第四,使成式的发展。上古时代,使成式非常罕见。《孟子·梁惠王下》说:"必使工师求大木……匠人斫而小之。"这是使成式的萌芽。由"斫而小之"演变为"斫小",就成了使成式。但是,使成式在古文中仍是非常少见的。古人用的是使动词。"打败了他",古人只说"败之";"做成了它",古人只说"成之";"打死了他",古人只说"毙之";"打倒了他",古人只说"踣之",等等。使动词只说出了结果,没有说造成这种结果的原因,意思不够明确。使成式把因、果同时说出来了,这也是汉语语法的大发展。

三、汉语词汇的发展

随着社会的发展,词汇就新陈代谢。旧词的死亡和新词的产生,是汉语发展长河中最显而易见的现象。上古的"俎""豆""尊""彝"等,后代没有了,它们就变成了死亡的词。但是新兴的词要比死亡的词多得多。

词汇的发展和社会生产的发展有极其密切的关系。社会生产的发展又和科学技术的发展大有关系。近百年来,社会生产有巨大的发展，因此，表现新事物、新科学、新技术的名词术语也就层出不穷。近百年来，汉语新词的产生，其数量远远超过过去的两千年。我们可以从新词产生的多少，看文化科学的进步。

汉语的词汇常受外语的影响。最明显的影响可以分为三个时期：第一时期是北方与西域的影响，主要是在汉代输入一些外来语，如"箜篌""琵琶""蒲桃"（葡萄）、"苜蓿"等；第二时期是印度的影响，主要是在东汉输入佛教以后，如"佛""菩萨""和尚""世界""地狱""罪孽"等；第三时期是西洋的影响，是在鸦片战争以后，西洋的文化、科学、技术传入中国，汉语里产生大量的新词。五四运动以后，新词越来越多。今天书报上的文章里，有三分之一以上是五四运动以后新兴的词语，不过人们习以为常，不知道它们是新兴的词语罢了。

应该指出，五四运动以后新兴的词语并不都是受外语的影响。除了"咖啡""沙发"一类音译名词之外，一般的译词如"火车""轮船""电灯""火柴""肥皂""电影"等，都不该认为是外语的影响。因为这些新事物传入中国以后，中国人用汉语的旧词作为词素造成这些新事物的名称，这是土生土长的东西，不能说是从外语借来的。

但是，有些抽象的名词概念，仍应认为是从外语借来的。例如，"哲学""文学""逻辑""前提""具体""抽象""经济""革命""发展"等，都不是我国古人原有的概念。古书中虽也有"文学""具体""经济""革命"的说法，但不是今天这个意思。至于"逻辑"是译音（logic），"前提""抽象"是译意（premise、abstract），那更不用说，是受外语的影响了。

以上所讲的汉语发展史，可说是轮廓的轮廓。详细讲起来，可以写成一部书，这里不详细讲了。

［宋］佚名 《霜柯竹涧图页》

古语的死亡、残留和转生

　　本篇所论的语言事实，是指现代口语中所发现的语言事实而言，即是说，古语（古代的词语）在现代口语中死亡了，或残留着，或死而复活（转生）。我们只论口语，不论文章，因为在文章上很难说某一个字是死亡、残留或转生。文章的古今界限是很不清楚的：写文章的人是读书人，读过书的人的脑子里，是古今词汇混杂着的；唯有一般民众的口语里，古今的界限最清楚。就是在文人的口语里，也比他们自己的文章里的古今界限明显得多，因为满口诌文，就有大家听不懂的危险。由此看来，如果说

本文原载《国文月刊》1941年第4期。

某一个字在现代文章里是死了，这自然是很武断的说法；如果说它在现代口语里是死了，这可以由事实来证明：只要看一般民众口语里没有它，已经可说是死去；若连文人的谈话里也没有它，更是死亡的铁证了。

古语的死亡，有死字和死义的分别。死字如："嘼，怒也"（《诗经·大雅·荡》"内嘼于中国"），现代只说"生气"，不说"嘼"。又如"慵，懒也"（杜甫诗"观身向酒慵"），现代只说"懒"，不说"慵"。死字有些是文人笔下几乎绝迹的，如"嘼"之类；有些是文人还喜欢在文章上应用的，如"慵"之类。此外还有半死的字，例如"怒"字虽然被"生气"替代了，但口语里仍可以说"发怒"或"怒气冲冲"，"惧"字虽然被"怕"字替代了，但"恐""惧"二字连用在口语里，仍旧是读过书的人容易听得懂的。

死义如："方，并船也"（《诗经·邶风·谷风》"方之舟之"）；"刀，小船也"（《诗经·卫风·河广》"谁谓河广？曾不容刀"）；"孩，小儿笑也"（《孟子·尽心上》"孩提之童"）；"捉，握也"（《世说新语·容止》"帝自捉刀立床头"）。死字和死义不同之处，就是死字是整个字死了，而死义只是字的某一种意义死了："方""刀""孩""捉"四个字在现代口语里是有的，只是它们已经失去了"并船""小船""小儿笑"和"握"的意义了。

古语的死亡，大约有四种原因：第一是古代事物现代已经不存在了，例如"禊"字的意义是"三月上巳临水祓除谓之'禊'"，现代没有这种风俗，自然用不着这个字；第二是今字替代了古字，例如，"怕"字替代了"惧"，"裤"替代了"袴"；第三是同义的两字竞争，结果是甲字战胜了乙字，例如"狗"战胜了"犬"，"猪"战胜了"豕"（"狗"和"犬"、"猪"和"豕"，大约起于方言的不同。有人说"猪"是小豕，"狗"是小犬，恐怕是勉强分别的）；第四是由综合变为分析，即由一个字变为几个字，例如，由"渔"变为"打鱼"，由"汲"变为"打水"，由"驹"变为"小马"，由"犊"变为"小牛"。

以上说的是死亡的字。另有一种字，若说它们是死了，咱们的口语里却还有它们；若说它们还活着，却又不能按着它们的意义来随便应用。例如，"墅"字本来是"兼有园林的住宅"的意思，所以《晋书·谢安传》说："于土山营墅，楼馆林竹甚盛。"后人称平日的住宅之外另营的游息之地为"别墅"。"别"者，"另"也，就是另外的一所住宅的意思，但是后来"墅"字就常常依着"别"字而行，非但在口语里没有人说"他造了一个墅"，连文章里也没有人这样写了。又如"钟"字本来有"聚也"一个意义，所以《国语·周语》说"泽，水之钟也"（泽是水所聚的地方），《世说新语·伤逝》说"情之所钟，正在我辈"（情之所聚，正在我们的身上）。但是，后来"聚也"的"钟"不很能离开"情"字而自由应用，咱们只能说"情之所钟"或"钟情"（文章上还可以说"钟灵毓秀"），却不大说"海为水之所钟"，尤其不会说"娼寮赌馆，下流之所钟"之类。以上所举的例子，似乎太文雅了，一般人不大说"别墅"和"钟情"，但较俗的例子也不是没有，譬如，现代口语"不是"替代了"非"，"这"替代了"此"，"他的"替代了"其"，然而"除非"不能说成"除不是"，"岂有此理"不能说成"岂有这理"，"莫名其妙"不能说成"莫名他的妙"。"非""此""其"在这种地方，也是古语的残留。

古语残留的原因往往是借成语的力量。最占势力的成语往往能是"后死者"，而某一个已死的字义，也似乎托庇于这种后死的成语，得到较长的寿命。但是，咱们若要判断某一个字义死不死，应该看它的用途普遍不普遍，不该只看现代口语里有没有它，因此，咱们可以说"非""此""其"一类的字在现代口语里确是死了，它们只在某一些特殊情形之下，还有些残留的痕迹而已。

此外，还有一类的字，它们在口语里本来是完全死去了的，但是到了现代却复活了。这种现象，我叫作转生。转生的原因，大约有三种：第一是双音词的产生；第二是外国词义的翻译；第三是新事物的命名。这三种原因的界限并不明显：新生的双音词往往是外国词义的反映；新事物的命名也有些是根据外国词义而来的。不过，我们姑且勉强把它们分开，在讨论上可以方便些。

第一，双音词的大量产生，是最近几十年的事。双音词的构成，往往是在一个口语里的活字之外，添上一个口语里已经死去的同义字。例如"皮肤""思想"（"皮""想"是现在口语里原有的，"肤""思"是从古代词汇中取来的）。有时候，两个字都是曾经死去了的，例如"考虑"（"考"是审察，"虑"是打主意）。

第二，外国词义的翻译，有时用现代口语里的字很难译得适当，于是用古义来译。并非古义就能适当，只因为它们对于一般人是生疏的，所以它们复活之后就很容易承受了外国原字的含义。例如，"绝对"的"绝"字，和"无"的意思相近，"绝对"等于说"无可对待"，恰像"绝伦"等于说"无可比拟"。此外如"高原"的"原"、奇数"的"奇"、肺炎"的"炎"、滋养"的"滋"，都是从古语中借来的。kiss有时虽可译为"亲嘴"，但中国所谓"亲嘴"含有猥亵的意思，而kiss有时是纯洁的，所以只好另找"接吻"二字去译它。"吻"字也是在口语里死了的。

第三，新事物的命名借用古义，恰像西洋新事物的命名借用希腊拉丁语的语根。例如，"警报"的"警"字是危急的消息的意思，古人所谓"边警"就是边疆的危急消息，"告警"就是来报告危急的消息。由此看来，"警报"就是关于危急消息的报告。这种"警"字，早就在口语中死去了，然而现在非但复活，而且成了人们日常谈话中最常用的字眼之一。又如"贷金"，"贷"者借也，"金"者钱也，"贷金"就是借钱或借的钱，然而咱们不说"借钱"或"借的钱"而说"贷金"，因为"贷金"是一种制度，和普通的借钱不同。由此可见，造新名词的人之所以运用古义，并不一定是卖弄古董，有时候是要使它们和普通口语的字眼不同，以便产生一种特殊的意义。例如，"贷金"不是普通的借钱而是一种制度，"警报"不是普通的危急消息而是专指敌机来袭而言。[1]

　　说到这里，大家都明白古语的死亡、残留和转生是怎么一回事了。下面我们将要讨论这三种语言事实对于青年作文的影响。

　　死去的词语，本来可以和一般青年不发生关系。活的词语是够用的了，犯不着向死的词语堆里去求补充。尤其是初学作文的人，应该抱着"知之为知之，不知为不知"的态度。咱们对于活生生的语词的运用，总是比较地有把握的，何必为好奇心或虚荣心所驱使，运用已死的词语，以致有用字不当的危险呢？例如，近日报纸的社论里有一种颇流行的新错误，就是把"殊"字当"谁知"讲。这种"殊"字的来源是"殊不知"，和"完全不知道"的意思差不多，其后有人误省为"殊知"，近日更索性省为"殊"字。其实"殊"只有甚的意思（引申为完全），怎么能当"谁知"讲呢？某日某报上有一个新闻标题"伊总理已请德军援助，并诱致阿拉伯人参战"，这里的"诱致"也用错了，"诱致"是诱之使至的意思。又另一日另一个报上有一个新闻标题"美国军火生产将首屈世界"，这是不曾彻底了解"首屈一指"的意义，所以用错了。这些都是可以不错的，譬如，干脆用"谁知""引诱"和"将居世界第一位"，岂不更妥当些？现在的时代，把死的词语用得不错，并不因

此就得到一般人的重视。用错了,却要被社会轻视了,何苦呢?

古语如果残留或转生,咱们运用它们,较有把握,用字不当的毛病大约可以不犯了。然而另有一种易犯的毛病,就是写别字。只要本来是古语,无论是死亡、残留或转生,都是别字的来源。青年笔下的别字,十分之九是由这三种语言事实产生的。已死的词语,固然咱们不熟习,容易弄错;就是残留的或转生的,也并不为一般人所彻底了解。残留或转生的某一个字,和另一个字(或两个)结合之后,就被认为囫囵的一体。例如"别墅",大家只当它是一个整体看待,并不理会"墅"是兼有园林的住宅的意思,甚至不理会"别"是另的意思。又如"绝对",大家也只把它当一个整体看待,并不理会"绝"是无的意思。这种不理会就是产生别字的原因。

古语残留所产生的别字,例如"别墅"误作"别署"、"钟情"误作"镫情"或"中情"、"间谍"误作"间牒"、"兴趣"误作"幸趣"或"性趣"(官话别字)、"摧残"误作"推残"、"成绩"误作"成积"、"烦恼"误作"烦脑"、"枉然"误作"往然"、"固然"误作"果然"(吴语别字)等。古语转生所产生的别字,例如"绝对"误作"决对"(官话别字)、"资料"误作"滋料"、"残忍"误作"惨忍"(官话别字)、"驱使"误作"趋使"(官话别字)、"恐怖"误作"恐布"、"警报"误作"惊报"、"彻底"误作"切底"(粤语别字)等。

现在一般青年对于每一个字的每一个古义,自然没有那么多的工夫去仔细研究。但是,至少应该对于残留和转生的古语,求一个彻底了解。因为它们不是死的词语,而是现代活的词语的一部分,并且是最难彻底了解的一部分。唯其是活的词语的一部分,所以咱们不能不求了解;唯其是最难彻底了解的一部分,所以咱们不能不加倍小心。

［明］唐寅　《临李伯时饮中八仙全图 》(局部)

附录三

研究古代汉语要建立历史发展观点

我们研究古代汉语，要建立历史观点，要注意语言的社会性和时代性。

发展意味着变化。一切物质都是发展变化的，语言也不可能是例外。汉语有几万年的历史，由文字保存下来的语言材料，也有三四千年的历史，在这三四千年的漫长时间中，不知经历了多少变化。就语音方面说，现代汉语保存古代汉语的语音（指文字的读音）很少。就语法方面说，古代有些语法形式已经消失

本文为作者 1983 年 5 月 5 日在安徽语言学会上的讲演，原载山东教育出版社于 1984 年出版的《谈谈学习古代汉语》。

了，新的形式取代了旧的形式，并且加以发展，旧的事物不断消失，新的事物不断产生，不能不影响到旧词的消亡和新词的出现。今天为时间所限，我不能详细谈这些问题，只是就基本词汇的历史发展谈一谈。

一、词汇是怎样改变意义的

词，特别是常用词，是在不知不觉中改变了意义的。由于意义相差不远，所以常常被人们忽略了。语言学家把词义的演变分为三个类型：①扩大；②缩小；③转移。扩大是词义的外延扩大了；缩小是词义的外延缩小了；转移是词义由原来的概念转移到邻近的概念。

（1）扩大的典型例子是"江""河"。"江""河"原指长江、黄河。例如《论语·子罕》："河不出图。"《孟子·滕文公下》："水由地中行，江淮河汉是也。"后来一般河流都可以称为"江、河"。

另一个例子是"器"字。"器"的本义是器皿（陶器）。《老子》："埏埴以为器。"但是很早就扩大为一般的器具了。

又一个例子是"狗"字。"狗"的本义是小狗。《尔雅·释畜》："未成毫，狗。"郭注："狗子未生㲋毛者。"后来词义扩大了，泛指一般的狗。

就动词来说，也有词义扩大的情况。试举"洗""踢"二字为例。"洗"字本是专指洗脚。《礼记·内则》："面垢燂潘请靧，足垢燂汤请洗。"《汉书·黥布传》："王方踞床洗。"《汉书·郦食其传》："沛公方踞床，令两女子洗。""洗"就是洗脚。《说文》："洗，洒足也。"后来词义扩大为一般的洗涤、洗濯。例如，杜甫《与任城许主簿游南池》："晚凉看洗马，森木乱鸣蝉。"王建《新嫁娘词》："洗手做羹汤。""踢"字的来源是"踶"字，本来专指马踢。《庄子·马蹄》："夫马……喜则交颈相靡，怒则分背相踶。"后来音变为"踢"，泛指一般脚踢。例如，《水浒传》二十八回："抢将来，被武松一飞脚踢起，踢中蒋门神小腹上。"

(2)缩小的典型例子是"瓦"字。《说文》："瓦，土器已烧之总名。"《诗经·小雅·斯干》："乃生女子，载弄之瓦。"《毛传》："瓦，纺砖也。"后来词义缩小为屋顶上的瓦。

另一个例子为"子"字。"子"的本义为儿女的总称。《诗经·卫风·硕人》："齐侯之子，卫侯之妻。"指女儿。后来专指儿子。

又一个例子是"禽"字。《说文》："禽，走兽总名。"未妥，"禽"的本义应是猎获物。《周易·师卦》："田有禽。"《左传·宣公十二年》："使摄叔奉麋献焉。曰：以岁之非时，献禽之未至，敢膳诸从者。"后来变为鸟兽的总称。《礼记·曲礼上》："猩猩能言，不离禽兽。"华佗五禽戏有虎、鹿、熊、猿、鸟。"禽"字最后才专指鸟类。

(3)转移的典型例子是"脚"字。"脚"的本义是胫（小腿）。孙子髌脚，是去掉膝盖，使两条小腿不能走路。髌脚和刖足不同。后来"脚"字变为"足"的同义词。

二、概念是怎样改变名称的

概念在语言中表现为词。某一概念在不同的民族语言中有不同的词，这是大家知道的。在同一民族里，某一概念在不同的历史时期也往往表现为不同的词，这一语言事实往往被人们忽略了。所以我在这里讲一讲概念是怎样改变名称的。

最主要的原因是：表示某一概念的词已经被用来表示另一概念，于是不能不找另一个词来表示它。

例如"眼"字，本义是眼珠，《庄子·盗跖》："比干剖心，子胥抉眼，忠之祸也。"《史记·刺客列传》："（聂政）因自皮面决眼，自屠出肠，遂以死。"直到晋代还用这个意义，例如说阮籍"能为青白眼"。后来"眼"的词义扩大了，变为"目"的同义词，只好另找一个"睛"字表示眼珠子，例如唐张彦远《历代名画记》有这样一段话：

金陵安乐寺画四白龙，不点眼睛。每云："画睛即飞去。"人以为妄诞，固请点之。须臾，雷电破壁，两龙乘云腾去上天，二龙未点眼者见在。

前面说"点睛"，下面说"点眼"，可见"睛"即是"眼"，也就是眼珠子。《三国演义》第十八回的题目是"夏侯惇拔矢啖睛"，下文说："惇大叫一声，急用手拔箭，不想连眼珠拔出。乃大呼曰：'父精母血不可弃也！'遂纳于口内啖之。"前面说"啖睛"后面说"眼珠"，可见"睛"就是眼珠子。后来"眼睛"变为双音词，"睛"字不表示眼珠子，又只能找出一个新名称"眼珠子"来表示了。这样，"眼珠子"这个概念曾经两度改变了名称。

再举一个例子：就是"走路"这个概念，古人叫作"行"；"奔跑"这个概念，古人叫作"走"。现在广东人还是这样说的。《孟子·梁惠王上》："弃甲曳兵而走。"《庄子·大宗师》："夜半有力者负之而走。"都是奔跑的意思。下面《战国策·楚策》的一个例子最能说明"走"和"行"的分别：

虎求百兽而食之，得狐。狐曰："子无敢食我也。天帝使我长百兽，今子食我，是逆天帝命也。子以我为不信，吾为子先行，子随我后，观百兽之见我而敢不走乎？"

前面说"行"，后面说"走"，前后的词义是不同的。直到近代，"走"字才变为"行"的同义词。那么，"走"字原来"奔跑"的意义又用什么字表示呢？就用"跑"字。"跑"字起源很晚。最初的时候，"跑"是兽类前脚刨地的意思。今浙江杭州有虎跑泉。"跑"字读páo，音转为pǎo，表示奔跑。这样说来，走路的概念由"行"改称为"走"，同时，奔跑的概念由"走"改称为"跑"。词汇发展的线索是很清楚的。

概念改变名称的另一原因是委婉语。为了避免不吉利的话，人们改用一些代称。最典型的例子是"死"的概念。人们忌讳"死"，就用"亡""逝""没"（殁）、"徂"（殂）等字。"亡"的本义是逃走，讳"死"就说"他逃了"。《论语·雍也》："亡之，命矣夫！""没"的本义是沉没。讳"死"就说"他被淹没了"。《论语·学而》："父在观其志，父没观其行。""逝"的本义是"往"，讳"死"就说"他走了"。司马迁《报任安书》："则长逝者魂魄私恨无穷。""徂"的本义也是"往"，讳"死"也可以说成"徂"。《孟子·万章上》："放勋乃徂落。"（《尚书·舜典》作"殂落"）《史记·伯夷列传》："吁嗟徂兮，命之衰矣。"

无论词汇改变了意义或概念改变了名称，都可以说是产生了新词。

这并不是说，有了新词，旧词就一定消失了。在文言词和成语里，它们还可以保存下来，与新词成为同义词。例如"江南"

"江左""待河之清""投鼠忌器""白眼""目不转睛""步行""人行道""日行千里""奔走相告""走马看花"。至于委婉语，只能在特定场合使用，更是不能取代旧词了。

三、语言的时代性

语言的时代性，对于古代汉语的研究是很重要的。某一个字，在上古时代是这个意义，到中古可能不是这个意义了。因此，用中古的意义去读上古的书，是错误的；用上古的意义去读中古的书，同样也是错误的。例如"眼"字，如果我读《庄子·盗跖》"子胥抉眼"，以为就是"抉目"，那是误解，因为伍子胥挖的是眼珠子，不是整个眼睛（目）。汉刘向《说苑》写作"抉目"，可能是传抄之误。如果我读元稹《遣悲怀》诗"唯将终夜长开眼，报答平生未展眉"，以为"眼"是眼珠子，同样也是错误的，因为眼珠子是不能开的。"开眼"译成上古汉语应该是"张目"，而不能是"张眼"。

我问我的研究生，"吃饭"这个概念，上古汉语里怎么说，许多人回答不上来。说成"食饭"吗？不是的。"饭"字在上古汉语里只当动词用，不当名词用。《论语·述而》："饭疏食，饮水。""饭疏食"是吃粗粮的意思。那么，能不能把"吃饭"译成"饭食（sì）"

呢？那也不行，上古没有这种构词法。上古时代，人们把"吃饭"这个概念简单地说成"食（shí）"或"饭"（上声）。例如，《左传·成公二年》："余姑翦灭此而朝食。"《史记·廉颇列传》："廉将军虽老，尚善饭。"

既然上古汉语里"饭"字只用作动词，那么现在"饭"这个概念，上古又该怎么说呢？那就是"食"字，读去声（sì）。例如《论语·述而》："饭疏食。"《论语·雍也》："一箪食，一瓢饮。"《孟子·梁惠王下》："箪食壶浆以迎王师。"

下面再举一些例子来说明语言的时代性。

（1）"羹"字。《说文》："羹，肉有汁也。"羹就是带汁的肉，所以其字从羔。旧《辞海》[1]云："羹，羹汤之和以五味者。"新《辞源》[2]云："羹，和味的汤。"新《辞海》云："羹，本指五味调和的浓汤，亦泛指煮成浓液的食品。"都是错误的。其错误在于把羹说成一种汤，其实应该说羹是一种肉。《尔雅·释器》："肉谓之羹。"古人用来就饭的菜肴往往只有一碗肉，那碗肉就叫作"羹"。《左传·隐公元年》："（颍考叔）有献于公，公赐之食，食舍肉，公问之。对曰：'小

---

1 此处所说旧《辞海》，当指1936年出版的《辞海》（第一版）或1963年发行的《辞海》（未定稿）；下文新《辞海》，指1979年出版的三卷本《辞海》。——编者注

2《辞源》是中国近代第一部大规模的汉语工具书，1915年由商务印书馆初版，1983年出版了修订本。——编者注

人有母，皆尝小人之食矣，未尝君之羹，请以遗之。'"前面说
"肉"，后面说"羹"，可见"羹"就是肉。《后汉书·陆续传》："续系
狱，见饷羹，知母所作。葱必寸断，肉方正，以此知之。"可见羹就
是肉，这里是加葱调味的肉。穷人没有肉吃，就吃菜羹。菜羹就
是煮熟的菜，加上米屑，用来就饭，也不是汤。《论语·乡党》："虽
疏食菜羹，必祭。""菜羹"被解作小菜汤。《孟子·告子上》："一箪
食，一豆羹，得之则生，不得则死。"被解作"一筐饭，一碗汤"。这
都是错误的。《史记·项羽本纪》："吾翁即若翁，必欲烹而翁，则幸
分我一杯羹。"从前我以为刘邦只要一碗汤，其实刘邦没有那么
客气，况且烹人只有肉，没有汤。

"羹"由于是带汁的肉，所以词义转移为汤。那是中古以后
的事情了。王建《新嫁娘词》："三日入厨下，洗手作羹汤。"大约
唐代"羹"字已经解作汤了。《红楼梦》第三十五回："白玉钏亲尝
莲叶羹。"那是新荷叶做的鸡汤。时代不同，"羹"的意义也就不
同了。

（2）"睡"字。《说文》："睡，坐寐也。""睡"的本义是坐着打瞌
睡。《左传·宣公二年》："盛服将朝，尚早，坐而假寐。""假寐"是不
脱衣而睡的意思。"坐而假寐"就是坐着打瞌睡的意思。《战国策·
秦策》：苏秦"读书欲睡，引锥自刺其股，血流至足"。《史记·商君
列传》："孝公既见商鞅，语事良久，孝公时时睡，弗听。"《汉书·贾谊
传》："将吏被介胄而睡。"这些都是打瞌睡的意思。直到中古时

代，"睡"字才变为一般的睡觉。杜甫《茅屋为秋风所破歌》："自经丧乱少睡眠。"《彭衙行》："众雏烂熳睡，唤起沾盘飧。"这些再也不是打瞌睡了。这就是"睡"字的时代性。

（3）"红"字。《说文》："红，帛赤白色。"赤白色就是红和白合成的颜色，也就是粉红。上古时代，红色不叫"红"，叫"赤"。红不是正色，而是间色（杂色）。《论语·乡党》："红紫不以为亵服。"《文心雕龙·情采》："正采耀乎朱蓝，间色屏于红紫。"紫是青赤色，也不是正色。所以红紫都在摒弃之列。到了中古时代，"红"变为"赤"的同义词。杜甫《北征》诗："或红如丹砂，或黑如点漆。"那该是大红，而不是粉红了。这就是"红"字的时代性。

（4）"青"字。上古所谓"青"，就是蓝色。《荀子·劝学》："青取之于蓝而青于蓝。"（蓝，指染料蓼蓝）可见青就是蓝，不是绿。有的字典把"青"字解作"蓝色或绿色"，是不对的。青和绿不同。我们说"青青河畔草"，又说"年年春草绿"，这是季节不同，春天的嫩草是绿的，后来才变为青的。青是五色之一，所以是正色。绿是青黄色（见《说文》），即蓝和黄合成的颜色。上文所引《文心雕龙》"正采耀乎朱蓝"，"朱蓝"都是正色，也就是赤和青。到了近代，"青"也表示黑色。例如，京剧的角色有"青衣"（黑衫）。这就是"青"字的时代性。

总之，语言的时代性是非常重要的。某一时代某一个词还没有这种意义，即使这样解释可以讲得通，也不可以这样讲。例如《荀子·劝学》："假舟楫者，非能水也，而绝江河。""江河"虽可解作一般的河流，仍旧应该讲成长江、黄河（这里代表一般河流）。《史记·淮阴侯列传》："时乎时，不再来。"与其解作"时机不再来一次"，不如解作"时机不会来两次"。因为上古时代"再"字只能当两次讲。

四、语言的社会性

语言是社会的产物，个人不能创造语言。如果解释一个词的意义，而这种意义只是一次见于某一部分或某一篇古文，这个解释就是不可信的。数年前，我看见一本词典稿，其中的"信"字有一个义项是"旧社会的媒人"。举的例子是《孔雀东南飞》："自可断来信，徐徐更谓之。"别的书中"信"字都没有当媒人讲的，唯独《孔雀东南飞》的"信"字当媒人讲，谁看得懂？余冠英先生注："'断来信'就是拒绝来使，指媒人。"这样解释就对了。

近人喜欢讲通假，通假说常常出毛病。清代的俞樾喜欢讲通假，而他所讲的往往是不可信的。例如，他说《诗经·魏风·伐檀》："不稼不穑，胡取禾三百廛兮？""不稼不穑，胡取禾三百亿兮？""不稼不穑，胡取禾三百囷兮？"其中"廛"应是"缠"的假借字，"亿"应是"繶"的假借字，困应是"稇"的假借字。我们要问，正字是正例，为什么这样巧，三处都用了假借字呢？"繶"是僻字，并且是彩丝的意思，为什么忽然变了一个量词呢？"億"假借"繶"，谁听得懂呢？又如《庄子·养生主》："技经肯綮之未尝。"俞氏以为技是枝字之误，"技经"是枝脉、经脉的意思。《养生主》还有几个"技"字（"技盖至此乎""进乎技矣"），为什么别的技字都不错，只有这个技字错了呢？把枝脉、经脉说成"枝经"，谁看得懂呢？过去我们在《古代汉语》里讲《庖丁解牛》时曾采用俞氏的说法，后来才修正了我们的错误。

总体来说，研究古代汉语要建立历史发展观点，要注意语言的时代性和社会性。把语音、语法、词汇三方面的历史发展研究好了，就是一部汉语史。今天只就词汇方面讲讲，讲得不深不透，只是从研究方法上讲了一些。希望同志们掌握这个方法，学起古代汉语就容易了。

[明] 沈周、[明] 文徵明补图 《苏轼烟江叠嶂图》（局部）

附录四　天文、历法

一、天文

在上古时代，人们把自然看得很神秘，认为整个宇宙有一个至高无上的主宰，就是帝或上帝。在上古文献里，天和帝常常成为同义词。古人又认为各种自然现象都有它的主持者，于是把它们人格化了，并赋予一定的名字，例如，风师谓之飞廉，雨师谓之萍翳（屏翳），云师谓之丰隆，日御谓之羲和，月御谓之望舒[1]，

<hr>

附录四及附录五均节选自王力主编《古代汉语》通论。

[1] 这里是举例性质，见《广雅·释天》。

等等，就是这种观念的反映。这些带有神话色彩的名字，为古代作家所沿用，成了古典诗歌辞赋中的辞藻，这是一方面。另一方面，我国是世界上最早进入农耕生活的国家之一，农业生产要求有准确的农事季节，所以古人观测天象非常精勤，这就促进了古代天文知识的发展。根据现有可信的史料来看，殷商时代的甲骨刻辞早就有了某些星名和日食、月食的记载，《尚书》《诗经》《春秋》《左传》《国语》《尔雅》等书有许多关于星宿的叙述和丰富的天象记录，《史记》有《天官书》，《汉书》有《天文志》。我们可以说，远在汉代我国的天文知识就已经相当丰富了。

古人的天文知识也相当普及。明末清初的学者顾炎武说：

> 三代以上，人人皆知天文。"七月流火"，农夫之辞也。"三星在户"，妇人之语也。"月离于毕"，戍卒之作也。"龙尾伏辰"，儿童之谣也。后世文人学士，有问之而茫然不知者矣。[1]

我们现在学习古代汉语当然不是系统学习我国古代的天文

---

[1] 见《日知录》卷三十"天文"条。"七月流火"见《诗经·豳风·七月》，"三星在户"见《诗经·唐风·绸缪》，"月离于毕"见《诗经·小雅·渐渐之石》，"龙尾伏辰"见《左传·僖公五年》。

学，但是了解古书中一些常见的天文基本概念，对于提高阅读古书能力无疑是有帮助的。现在就七政、四象二十八宿、三垣、十二次、分野等分别加以叙述。

（一）七政

古人把日月和金木水火土五星合起来称为七政或七曜。金木水火土五星是古人实际观测到的五个行星，它们又合起来称为五纬。

金星古曰明星，又名太白，因为它光色银白，亮度特强。《诗经》："子兴视夜，明星有烂"[1]"昏以为期，明星煌煌"[2]，都是指金星说的。金星黎明见于东方叫启明，黄昏见于西方叫长庚，所以《诗经》说："东有启明，西有长庚。"[3]木星古名岁星，迳称为岁。古人认为岁星十二年绕天一周，每年行经一个特定的星空区域，并据以纪年[4]。水星一名辰星，火星古名荧惑，土星古名镇星或填星。值得注意的是，先秦古籍中谈到天象时所说的水并不是指行星中的水星，而是指恒星中的定星（营室）[5]，《左传·庄公二十九年》"水昏正而栽"，就是一个例子，所说的火也并不是指行

1　见《诗经·郑风·女曰鸡鸣》。

2　见《诗经·陈风·东门之杨》。

3　见《诗经·小雅·大东》。

4　下文谈到十二次和纪年这一点上来。

5　即室宿，主要是飞马座的α、β两星。

星中的火星，而是指恒星中的大火[1]，《诗经》"七月流火"，就是一个例子。

古人观测日月五星的运行是以恒星为背景的，这是因为古人觉得恒星相互间的位置恒久不变，可以利用它们做标志来说明日月五星运行所到的位置。

（二）四象二十八宿

经过长期的观测，古人先后选择了黄道赤道附近的二十八个星宿作为"坐标"[2]，称为二十八宿：

东方苍龙七宿　角亢氐房心尾箕

北方玄武七宿　斗牛女虚危室壁

西方白虎七宿　奎娄胃昴毕觜参

南方朱雀七宿　井鬼柳星张翼轸

东方苍龙、北方玄武（龟蛇）、西方白虎、南方朱雀，这是古人

1　即心宿，特指心宿二，即天蝎座 α 星。《史记·天官书》所说的火，才是指火星（荧惑）。

2　黄道是古人想象的太阳周年运行的轨道。地球沿着自己的轨道围绕太阳公转，从地球轨道不同的位置上看太阳，则太阳在天球上的投影的位置也不相同。这种视位置的移动叫作太阳的视运动，太阳周年视运动的轨迹就是黄道。这里所说的赤道不是指地球赤道，而是天球赤道，即地球赤道在天球上的投影。星宿这个概念不是指一颗一颗的星星，而是表示邻近的若干个星的集合。古人将比较靠近的若干个星假想地联系起来，给以一个特殊的名称，如毕参箕斗，等等，后世又名星官。

把每一方的七宿联系起来想象成的四种动物形象，叫作四象。以东方苍龙为例，从角宿到箕宿看为一条龙，角像龙角，氐房像龙身，尾宿即龙尾。再以南方朱雀为例，从井宿到轸宿看成为一只鸟，柳为鸟嘴，星为鸟颈，张为嗉，翼为羽翮。这和外国古代把某些星座想象成为某些动物的形象（如大熊、狮子、天蝎等）很相类似。

上文说过，古人以恒星为背景来观测日月五星的运行，而二十八宿都是恒星。了解到这一点，那么古书上所说的"月离于毕""荧惑守心""太白食昴"这一类关于天象的话就不难懂了。[1]"月离于毕"意思是月亮附丽于毕宿（离，丽也）；"荧惑守心"是说火星居于心宿；"太白食昴"是说金星遮蔽住昴宿。如此而已。苏轼在《前赤壁赋》里写道："少焉，月出于东山之上，徘徊于斗牛之间"，也是用的二十八宿坐标法。

二十八宿不仅是观测日月五星位置的坐标，其中有些星宿还是古人测定岁时季节的观测对象。例如，在上古时代，人们认为初昏时参宿在正南方就是春季正月，心宿在正南方就是夏季五月[2]，等等。

----

1 《尚书·洪范》伪孔传："月经于箕则多风，离于毕则多雨。""荧惑守心"见《论衡·变虚》篇，"太白食昴"见邹阳《狱中上梁王书》。
2 这是就当时的天象说的。《夏小正》："正月初昏参中，五月初昏大火中。"

古人对二十八宿是很熟悉的，有些星宿由于星象特殊，引人注目，成了古典诗歌描述的对象。《诗经》："维南有箕，不可以簸扬；维北有斗，不可以挹酒浆。"[1]这是指箕宿和斗宿说的。箕斗二宿同出现于南方天空时，箕宿在南，斗宿在北。箕宿四星联系起来想象成为簸箕形，斗宿六星联系起来想象成为古代舀酒的斗形。《诗经》"三星在天""三星在隅""三星在户"，则是指参宿而言[2]，因为参宿有耀目的三星连成一线。至于乐府诗里所说的"青龙对道隅"[3]，道指黄道，青龙则指整个苍龙七宿。有的星宿，伴随着动人的神话故事，成为后世作家沿用的典故。脍炙人口的牛郎织女故事不必叙述。[4]二十八宿中的参心二宿的传说也是常被后人当作典故引用的。《左传·昭公元年》说：

昔高辛氏有二子，伯曰阏伯，季曰实沈，居于旷林，不相能也，日寻干戈，以相征讨。后帝不臧，迁阏伯于商丘，主辰（主祀大火），商人是因，故辰为商星（即心宿）；迁实沈于大夏（晋阳），主参（主祀参星），唐

------

1 见《诗经·小雅·大东》。

2 此从毛传。

3 见《陇西行》。

4 但是织女不是指北方玄武的女宿，而是指天琴座的 α 星；牛郎也不是指北方玄武的牛宿，而是指天鹰座的 α 星，牛郎所牵的牛才是牛宿。

人是因……故参为晋星（即参宿）。

因此后世把兄弟不和睦比喻为参辰或参商。又因为参宿居于西方，心宿居于东方，出没两不相见，所以后世把亲朋久别不能重逢也比喻为参辰或参商。杜甫《赠卫八处士》所说的"人生不相见，动如参与商"，就是这个意思。

随着天文知识的发展，出现了星空分区的观念。古人以上述的角亢氐房心尾箕等二十八个星宿为主体，把黄道赤道附近的一周天按照由西向东的方向分为二十八个不等份。在这个意义上说，二十八宿就意味着二十八个不等份的星空区域了。

（三）三垣

古代对星空的分区，除二十八宿外，还有所谓三垣，即紫微垣、太微垣、天市垣。

古人在黄河流域常见的北天上空，以北极星为标准，集合周围其他各星，合为一区，名曰紫微垣。在紫微垣外，在星张翼轸以北的星区是太微垣；在房心尾箕斗以北的星区是天市垣，这里不一一细说。

现在说一说北斗。北斗是由天枢、天璇、天玑、天权、玉衡、开阳、摇光七星组成的，古人把这七星联系起来想象成为古代舀酒的斗形。天枢、天璇、天玑、天权组成为斗身，古曰魁；玉衡、开阳、摇光组成为斗柄,古曰杓。北斗七星属于大熊座。

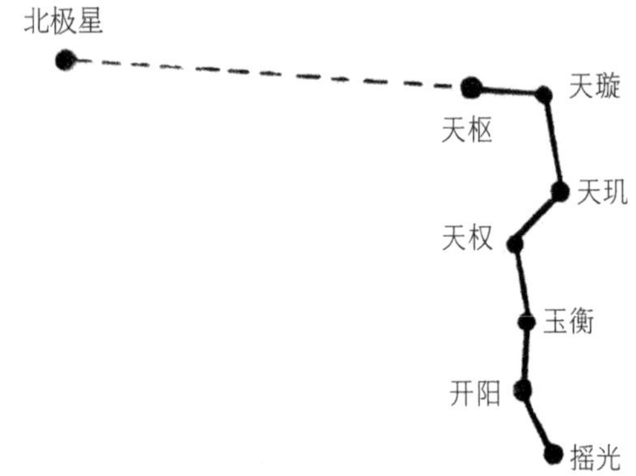

　　古人很重视北斗,因为可以利用它来辨方向、定季节。把天璇、天枢连成直线并延长约五倍的距离,就可以找到北极星,而北极星是北方的标志。北斗星在不同的季节和夜晚不同的时间,出现于天空不同的方位,人们看起来它在围绕着北极星转动,所以古人又根据初昏时斗柄所指的方向来决定季节:斗柄指东,天下皆春;斗柄指南,天下皆夏;斗柄指西,天下皆秋;斗柄指北,天下皆冬。

(四)十二次

　　现在说到十二次。

　　古人为了说明日月五星的运行和节气的变换,把黄道附近一周天按照由西向东的方向分为星纪、玄枵等十二个等份,叫作十二次。每次都有二十八宿中的某些星宿作为标志,例如星纪有斗牛两宿，玄枵有女虚危三宿，余皆仿此。但是十二次是等分的，而二十八宿的广狭不一，所以十二次各次的起讫界限不能和宿与宿的分界一致，换句话说，有些宿是跨属于相邻的两个次的。

下表就说明了这种情况[1]：

十二次	二十八宿
星纪	斗牛女
玄枵	女虚危
诹訾	危室壁奎
降娄	奎娄胃
大梁	胃昴毕
实沈	毕觜参井
鹑首	井鬼柳
鹑火	柳星张
鹑尾	张翼轸
寿星	轸角亢氐
大火	氐房心尾
析木	尾箕斗

外国古代把黄道南北各八度以内的空间叫作黄道带，认为

---

1 这表是根据《汉书·律历志》作的，各次的名称、写法和顺序都根据《汉书·律历志》。字加有着重点的是各次的主要星宿（这是参照《淮南子·天文训》）。诹訾，读为 zōu zī。

这是日月和行星运行所经过的处所。他们也按照由西向东的方向把黄道带分为白羊、金牛等十二个等份，叫作黄道十二宫。其用意和我国古代的十二次相同，但起讫界限稍有差异，对照起来，大致如下表所示：

十二次	黄道十二宫
星纪	摩羯宫
玄枵	宝瓶宫
诹訾	双鱼宫
降娄	白羊宫
大梁	金牛宫
实沈	双子宫
鹑首	巨蟹宫
鹑火	狮子宫
鹑尾	室女宫
寿星	天秤宫
大火	天蝎宫
析木	人马宫

我国古代创立的十二次主要有两种用途：第一，用来指示一年四季太阳所在的位置，以说明节气的变换，例如说太阳在星纪中交冬至，在玄枵中交大寒，等等。第二，用来说明岁星每年运行所到的位置，并据以纪年，例如说某年"岁在星纪"，次年"岁在

玄枵"，等等。这两点，后面谈到历法时还要讨论。

有一件事值得提一提，上述十二次的名称大都和各自所属的星宿有关。例如大火，这里是次名，但在古代同时又是所属心宿的名称。又如鹑首、鹑火、鹑尾，其所以名鹑，显然和南方朱雀的星象有关，南方朱雀七宿正分属于这三次。《左传·僖公五年》"鹑火中"，孔疏说"鹑火之次正中于南方"，又说"鹑火星者谓柳星张也"，可以为证。

（五）分野

下面谈谈分野。

《史记·天官书》说："天则有列宿，地则有州域。"可见古人是把天上的星宿和地上的州域联系起来看的。在春秋战国时代，人们根据地上的区域来划分天上的星宿，把天上的星宿分别指配于地上的州国，使它们互相对应，说某星是某国的分星、某某星宿是某某州国的分野[1]，这种看法，便是所谓分野的观念。

星宿的分野，一般按列国来分配，如表甲[2]；后来又按各州来分配，如表乙[3]：

---

1 也有反过来说某地是某某星宿的分野的，例如《汉书·地理志》："齐地，虚危之分野也。"

2 表甲是根据《淮南子·天文训》作的。

3 表乙是根据《史记·天官书》作的。

宿	国
角亢	郑
氐房心	宋
尾箕	燕
斗牛	越
女	吴
虚危	齐
室壁	卫
奎娄	鲁
胃昴毕	魏
觜参	赵
井鬼	秦
柳星张	周
翼轸	楚

表 乙

宿	州
角亢氐	兖州
房心	豫州
尾箕	幽州
斗	江湖
牛女	扬州
虚危	青州
室壁	并州
奎娄胃	徐州
昴毕	冀州
觜参	益州
井鬼	雍州
柳星张	三河
翼轸	荆州

星宿的分野也有以十二次为纲,配以列国的,如表丙[1]所示:

---

1 表丙是根据《周礼·保章氏》郑玄注作的。

表　丙

次	国
星纪	吴越
玄枵	齐
诹訾	卫
降娄	鲁
大梁	赵
实沈	晋
鹑首	秦
鹑火	周
鹑尾	楚
寿星	郑
大火	宋
析木	燕

　　古人所以建立星宿的分野，主要是为了观察所谓"禨祥"的天象，以占卜地上所配州国的吉凶。例如《论衡·变虚篇》讲到荧惑守心的时候说："荧惑，天罚也；心，宋分野也。祸当君。"显而易见，这是一种迷信。但是古人对于星宿分野的具体分配既然有了一种传统的了解，那么古典作家作品在写到某个地区时连带写到和这个地区相配的星宿，就完全可以理解了。庾信《哀江南赋》说"以鹑首而赐秦，天何为而此醉"，王勃《滕王阁序》说"星分翼轸"，李白《蜀道难》说"扪参历井"，就是在分野的意义上提

到这些星宿的。

最后应该指出的是，古人的天文知识虽然已经相当丰富，但是由于科学水平和历史条件的限制，古代的天文学在很大的程度上是和宗教迷信的占星术相联系的。古人对于某些异乎寻常的天象还不能作出科学的解释，于是在崇敬天帝的思想基础上，把天象的变化和人间的祸福联系起来，认为天象的变化预示着人事的吉凶。例如日食，被认为对最高统治者不利，所以《左传·昭公十七年》说："日有食之，天子不举（不杀牲盛馔），伐鼓于社。"《礼记·昏义》也说："日蚀则天子素服而修六官之职。"这是把日食看成是上天对最高统治者的警告。又如彗星（一名孛星、欃枪）的出现，被认为是兵灾的凶象，所以史书上常有记载。甚至行星运行的情况也被认为是吉凶的预兆。例如，岁星正常运行到某某星宿，则地上与之相配的州国就五谷昌盛，而荧惑运行到这一星宿，这个国家就要发生种种祸殃，等等。占星家还认为某某星主水旱、某某星主饥馑、某某星主疾疫、某某星主盗贼，注意它们的隐现出没和光色的变化而加以占验。这些就不一一叙述了。

二、历法

（一）日、月、年、置闰

古人经常观察到的天象是太阳的出没和月亮的盈亏，所以以昼夜交替的周期为一"日"，以月相变化的周期为一"月"（现代叫作朔望月）。至于"年"的概念，最初大约是由于庄稼成熟的物候而形成的，《说文》说："年，熟谷也。"如果说禾谷成熟的周期意味着寒来暑往的周期，那就是地球绕太阳一周的时间，现代叫作太阳年。以朔望月为单位的历法是阴历，以太阳年为单位的历法是阳历。我国古代的历法不是纯阴历，而是阴阳合历。平年十二个月，有六个大月各三十天，六个小月各二十九天[1]，全年总共三百五十四天。但是这个日数少于一个太阳年。《尚书·尧典》说"期三百有六旬有六日"，实际上四季循环的周期约为 $365\frac{1}{4}$ 日，比十二个朔望月的日数约多 $11\frac{1}{4}$ 日，积三年就相差一个月以上的时间，所以三年就要闰一个月，使历年的平均长度大约等于

---

1 这是因为月相变化的周期在二十九到三十天之间，现代测得是 29.53 日。

一个太阳年，并和自然季节大致调和配合。《尧典》说："以闰月定四时成岁"[1]，就是这个意思。

古人很重视置闰。《左传·文公六年》说："闰以正时，时以作事，事以厚生，生民之道于是乎在矣。"三年一闰还不够，五年要闰两次，所以《说文》说"五年再闰"。五年闰两次又多了些，后来规定十九年共闰七个月。从现有文献看，殷周时代已经置闰，闰月一般放在年终，称为"十三月"。当时置闰尚无定制，有时一年再闰，所以会有"十四月"。春秋时代就没有一年再闰的情况了。汉初在九月之后置闰，称为"后九月"，这是因为当时沿袭秦制，以十月为岁首，以九月为年终的缘故。[2]上古也有年中置闰，如闰二月、闰六月之类。当闰而不闰叫作"失闰"。如何适当安插闰月，这是古代历法工作中的重要课题，这里没有必要叙述。

（二）二十四节气

一年分为春夏秋冬四时（季），后来又按夏历正月、二月、三月等十二个月依次分为孟春、仲春、季春，孟夏、仲夏、季夏，孟秋、仲秋、季秋，孟冬、仲冬、季冬。这些名称，古人常用作相应的

1　注意：《尧典》这是说"岁"，不说"年"，这是用"岁"表示从今年某一节气（例如冬至）到明年同一节气之间的这一段时间，使之和"年"有分工，"年"表示从今年正月初一到明年正月初一之间的这一段时间。所以《周礼·春官·大史》说："正岁年以序事"，岁年并举。

2　这一点，下文还要谈到。

月份的代称。《楚辞·九章·哀郢》:"民离散而相失兮,方仲春而东迁",就是指夏历二月说的。但是在商代和西周前期,一年只分为春秋二时,所以后来称春秋就意味着一年。《庄子·逍遥游》:"蟪蛄不知春秋。"意思是蟪蛄生命短促不到一年。此外史官所记的史料在上古也称为春秋,这是因为"史之所记必表年以首事"[1]。后来历法日趋详密,由春秋二时再分出冬夏二时,所以有些古书所列的四时顺序不是"春夏秋冬",而是"春秋冬夏",这是值得注意的[2]。

古人在长期的生产实践中逐步认识到季节更替和气候变化的规律,把周岁$365\frac{1}{4}$日平分为立春、雨水、惊蛰、春分、清明、谷雨等二十四个节气[3],以反映四季、气温、降雨、物候等方面的变化,这是我国古代劳动人民掌握农事季节的经验总结,对农业生产的发展贡献很大。二十四节气系统是我国旧历特有的重要组成部分,其名称和顺序是:

---

1 见杜预《春秋序》。旧说春秋犹言四时(《诗经·鲁颂·閟宫》郑玄笺),错举春秋以包春夏秋冬四时(杜预《春秋序》孔颖达《正义》),似难置信。

2 例如《墨子·天志中》:"制为四时春秋冬夏,以纪纲之",《管子·幼官图》:"修春秋冬夏之常祭",《礼记·孔子闲居》:"天有四时,春秋冬夏",等等。

3 每个节气占15.22日弱。后代根据太阳移动的速度,有的节气占14日多(冬至前后),有的节气占16日多(夏至前后)。

正月	立春雨水	二月	惊蛰春分
三月	清明谷雨	四月	立夏小满
五月	芒种夏至	六月	小暑大暑
七月	立秋处暑	八月	白露秋分
九月	寒露霜降	十月	立冬小雪
十一月	大雪冬至	十二月	小寒大寒[1]

古人最初把二十四节气细分为节气和中气两种。例如，立春是正月节，雨水是正月中，惊蛰是二月节，春分是二月中，节气和中气相间，其余由此顺推。[2]

二十四节气是根据太阳在黄道上不同的视位置定的。前面讲天文时说过，古人把黄道附近一周天平分为星纪、玄枵等十二次，太阳运行到某次就交某某节气。[3]试以《汉书·律历志》所载的

---

1 这是依照后代的顺序，名称和《淮南子·天文训》相同。惊蛰古名启蛰，汉代避景帝讳改名惊蛰。又，二十四节气和阴历月份的搭配不是绝对固定、年年一致的，因为节气跟太阳走，和朔望月没有关系。这里所列的是综合一般的情况。

2 由于一个节气加一个中气差不多是三十天半，大于一个朔望月，所以每月的节气和中气总要比上月推迟一两天，推迟到某月只有节气没有中气，后来就以这个月份置闰，所以古人说"闰月无中气"。阳历每月都有节气和中气，上半年每月六日和二十一日左右是交节日期，下半年每月八日和二十三日左右是交节日期。

3 实际上二十四个节气是表示地球在围绕太阳公转的轨道上的二十四个不同的位置。

即二千多年前的天象为例。太阳运行到星纪初点交大雪，运行到星纪中央交冬至，运行到玄枵初点交小寒，运行到玄枵中央交大寒，等等。下表就说明了这种情况[1]：

太阳视位置（日躔[2]星次）	星纪		玄枵		诹訾		降娄		大梁		实沈	
	初	中	初	中	初	中	初	中	初	中	初	中
节 气	大雪	冬至	小寒	大寒	立春	惊蛰	雨水	春分	谷雨	清明	立夏	小满
太阳视位置（日躔星次）	鹑首		鹑火		鹑尾		寿星		大火		析木	
	初	中	初	中	初	中	初	中	初	中	初	中
节 气	芒种	夏至	小暑	大暑	立秋	处暑	白露	秋分	寒露	霜降	立冬	小雪

二十四节气系统是逐步完备起来的。古人很早就掌握了二分二至这四个最重要的节气：《尚书·尧典》把春分叫作日中，秋分叫作宵中，《吕氏春秋》统名之曰日夜分，因为这两天昼夜长短相等；《尧典》把夏至叫作日永，冬至叫作日短，因为夏至白天最

---

1 这表是根据《汉书·律历志》的顺序排的，惊蛰在雨水之前，清明在谷雨之后，和后代不同。《汉书·律历志》并指出交某节气时太阳所在的星宿及其度数，如冬至日在牵牛初度，即摩羯座β星附近。现代天象和古代不同，现在的冬至点在人马座（相当于古代的析木）。

2 太阳运行叫作躔（chán）。

长，冬至白天最短，所以《吕氏春秋》分别叫作日长至、日短至。[1]《左传·僖公五年》说"凡分至启闭必书云物"，分指春分秋分，至指夏至冬至，启指立春立夏，闭指立秋立冬。[2]《吕氏春秋》则明确提到立春、立夏、立秋、立冬四个节气。到《淮南子》我们就见到和后世完全相同的二十四节气的名称了。

（三）干支纪年

我们阅读古书，有必要了解古人记录时间的法则，下面就古代的纪日法（包括一天之内的纪时法）、纪月法和纪年法分别加以叙述。

古人用干支纪日，例如《左传·隐公元年》："五月辛丑，大叔出奔共。"干是天干，即甲乙丙丁戊己庚辛壬癸；支是地支，即子丑寅卯辰巳午未申酉戌亥。十干和十二支依次组合为六十单位，称为六十甲子：

甲子　乙丑　丙寅　丁卯　戊辰　己巳　庚午　辛未　壬申　癸酉

甲戌　乙亥　丙子　丁丑　戊寅　己卯　庚辰　辛巳　壬午　癸未

甲申　乙酉　丙戌　丁亥　戊子　己丑　庚寅　辛卯　壬辰　癸巳

---

1 《孟子》统名之曰日至。《孟子·告子上》"今夫麰麦，播种而耰之，其地同，树之时又同，浡然而生，至于日至之时皆熟矣"，这指夏至而言；《孟子·离娄下》"天之高也，星辰之远也，苟求其故，千岁之日至，可坐而致也"，旧说指冬至而言。《左传》又称冬至为日南至。

2 据杜预注。

甲午　乙未　丙申　丁酉　戊戌　己亥　庚子　辛丑　壬寅　癸卯

甲辰　乙巳　丙午　丁未　戊申　己酉　庚戌　辛亥　壬子　癸丑

甲寅　乙卯　丙辰　丁巳　戊午　己未　庚申　辛酉　壬戌　癸亥[1]

每个单位代表一天，假设某日为甲子日，则甲子以后的日子依次顺推为乙丑、丙寅、丁卯等；甲子以前的日子依次逆推为癸亥、壬戌、辛酉等。六十甲子周而复始。这种纪日法远在甲骨文时代就已经有了。

古人纪日有时只记天干不记地支，例如《楚辞·九章·哀郢》："出国门而轸怀兮，甲之朝吾以行"。这种情况在甲骨文时代也已经有了。用地支纪日比较后起，大多限于特定的日子如"子卯不乐"（《礼记·檀弓》）、"三月上巳"之类。

从一个月来说，有些日子在古代有特定的名称。每月的第一天叫作朔，最后一天叫作晦。所以《庄子》说"朝菌不知晦朔"。初三叫作朏（fěi），大月十六、小月十五叫作望，鲍照诗"三五二八时，千里与君同"[2]，就是指望日的明月说的。近在望后的日子叫作既望[3]。所以苏轼《前赤壁赋》说："壬戌之秋，七月既望。"朔晦

---

1 干支的组合是天干的单数配地支的单数，天干的双数配地支的双数，所以不可能有"甲丑""乙寅"之类。

2 见《玩月城西门廨中》。

3 西周初期有一种特别的纪日法，即把一个月分为四份，类似现代的周（星期），每份都有一个特定的名称，"既望"就是其中之一。这种纪日法后来没有使用，这里不细说。

两天，一般既称干支又称朔晦，例如《左传·僖公五年》："冬十二月丙子朔，晋灭虢，虢公丑奔京师"，《左传·襄公十八年》："十月……丙寅晦，齐师夜遁"。其他日子一般就只记干支[1]，但是人们可以根据当月朔日的干支推知它是这个月的第几天。例如《左传·隐公元年》："五月辛丑，大叔出奔共"，根据后人推定的春秋长历可以知道辛丑是鲁隐公元年五月二十三日。

附带说一说，根据历谱中干支的日序，甚至可以推断出古书的错误来。《春秋·襄公二十八年》说："十有二月甲寅，天王崩。乙未，楚子昭卒。"从甲寅到乙未共四十二天，不可能同在一个月之内，可见这里必有错误。

（四）干支纪时

下面谈谈一天之内的纪时法。

古人主要根据天色把一昼夜分为若干时段。一般地说，日出时叫作旦早朝晨，日入时叫作夕暮昏晚[2]，所以古书上常常见到朝夕并举，旦暮并举，晨昏并举，昏旦并举，等等。太阳正中时

---

1 《尚书》朏日也是既称干支又称朏，例如，《毕命》："惟十有二年六月庚午朏"，这种情况在一般古书中很少见。

2 古代夕又当夜讲，通作昔。《庄子·天运》："蚊虻噆肤，则通昔不寐矣。"《说文》："晚，暮也。"

叫作日中，将近日中的时间叫作隅中[1]，太阳西斜叫作昃。了解到这一点，对于古书上所说的"自朝至于日中昃不遑暇食"[2]这一类记录时间的话就了解得更加具体了。

古人一日两餐，朝食在日出之后、隅中之前，这段时间就叫作食时或蚤食；夕食在日昃之后、日入之前，这段时间就叫作晡（餔）时。日入以后是黄昏，黄昏以后是人定。《孔雀东南飞》说："奄奄黄昏后，寂寂人定初"，可以看成为古代这两个时段之间的确切描绘。人定以后就是夜半了。

《诗经》："女曰鸡鸣，士曰昧旦。"[3]鸡鸣和昧旦是夜半以后先后相继的两个时段。昧旦又叫昧爽，这是天将亮的时间。此外古书上又常常提到平旦、平明，这是天亮的时间。

古人对于一昼夜有等分的时辰概念之后，用十二地支表示十二个时辰，每个时辰恰好等于现代的两小时[4]。和现代的时间对照，夜半十二点（即二十四点）是子时（所以说子夜），上午两点是丑时，四点是寅时，六点是卯时，其余由此顺推。近世又把每个时辰细分为初、正。晚上十一点（即二十三点）为子初，夜半十

---

1 《左传·昭公五年》孔颖达疏："隅谓东南隅也，过隅未中，故为隅中也。"

2 见《尚书·无逸》。

3 见《诗经·郑风·女曰鸡鸣》。

4 小时本来是小时辰的意思，因为一小时只等于半个时辰。

二点为子正；上午一点为丑初，上午两点为丑正，等等。这就等于把一昼夜分为二十四小时了。列表对照如下：

	子	丑	寅	卯	辰	巳	午	未	申	酉	戌	亥
初	23	1	3	5	7	9	11	13	15	17	19	21
正	24	2	4	6	8	10	12	14	16	18	20	22

（五）月建

古人纪月通常以序数为记，如一月、二月、三月，等等；作为岁首的月份叫作正（zhēng）月[1]。在先秦时代每个月似乎还有特定的名称，例如，正月为孟陬（《楚辞》），四月为除（《诗经》），九月为玄（《国语》），十月为阳（《诗经》），等等。[2]古人又有所谓"月建"的观念，就是把子丑寅卯等十二地支和十二个月份相配，以通常冬至所在的十一月（夏历）配子，称为建子之月，由此顺推，十二月为建丑之月，正月为建寅之月，二月为建卯之月，直到十

---

1 秦避始皇讳，改正月为端月。但是秦以十月为岁首，下文还要谈到。又《诗经·小雅·正月》："正月繁霜，我心忧伤。"这里的正月指夏历四月（《毛传》），不是作为岁首的正月。

2 这里是举例性质，参看《尔雅·释天》。

月为建亥之月[1]，如此周而复始[2]。至于以天干配合着地支来纪月，则是后起的事。

我国古代最早的纪年法是按照王公即位的年次纪年，例如，公元前770年记为周平王元年、秦襄公八年等，以元、二、三的序数递记，直到旧君出位为止。汉武帝开始用年号纪元，例如，建元元年、元光三年，也是以元、二、三的序数递记，更换年号就重新纪元。这两种纪年法是过去史家所用的传统纪年法。战国时代，天文占星家根据天象纪年，有所谓星岁纪年法，星指岁星，岁指太岁。下面分别叙述。

（六）星岁纪年

先说岁星纪年法。前面讲天文时说过，古人把黄道附近一周天分为十二等份，由西向东命名为星纪、玄枵等十二次。古人认为岁星由西向东十二年绕天一周，每年行经一个星次。假如某年岁星运行到星纪范围，这一年就记为"岁在星纪"，第二年岁

1　庾信《哀江南赋·序》："粤以戊辰之年，建亥之月，大盗移国，金陵瓦解。"

2　《说文》对于十二支各字的解释就是联系着月份的。前人把"建"解释为"斗建"，意思是斗柄所指，认为十二支代表北斗星斗柄所指的十二个不同的方位。（例如，以子为北，午为南，卯为东，酉为西，等等。）十一月斗柄指北，所以为建子之月，以后斗柄每月移指一个方位，十二个月周而复始，这种说法在过去很普遍。南北朝的天文学家祖冲之、清朝的天文学家梅文鼎都指出月建和斗柄所指的方位没有关系。

星运行到玄枵范围，就记为"岁在玄枵"，其余由此类推，十二年周而复始[1]。《左传·襄公三十年》说："于子蟜之卒也，将葬，公孙挥与裨灶晨会事焉。过伯有氏，其门上生莠。子羽曰：'其莠犹在乎？'于是岁在降娄。"《国语·晋语四》"君之行也，岁在大火"，就是用岁星纪年的例子[2]。

再说太岁纪年法。古人有所谓十二辰的概念，就是把黄道附近一周天的十二等份由东向西配以子丑寅卯等十二支，其安排的方向和顺序正好和十二次相反。二者对照如下表：

十二次 （由西向东）	星 纪	玄 枵	诹 訾	降 娄	大 梁	实 沈	鹑 首	鹑 火	鹑 尾	寿 星	大 火	析 木
十二辰 （由西向东）	丑	子	亥	戌	酉	申	未	午	巳	辰	卯	寅

岁星由西向东运行，和人们所熟悉的十二辰的方向和顺序正好相反，所以岁星纪年法在实际生活中应用起来并不方便。为此，古代天文占星家便设想出一个假岁星叫作太岁，让它和真岁星"背道而驰"，这样就和十二辰的方向顺序相一致，并用它来

----

1 事实上，岁星并不是十二年绕天一周，而是11.8622年绕天一周，每年移动的范围比一个星次稍微多一点，渐积至八十六年，便多走过一个星次，这叫作"超辰"。

2 有人认为《左传》《国语》里的岁星纪年出自刘歆伪托，并不反映当时的实际天象。

纪年。根据《汉书·天文志》所载战国时代的天象纪录，某年岁星在星纪，太岁便在析木（寅），这一年就是"太岁在寅"；第二年岁星运行到玄枵，太岁便运行到大火（卯），这一年就"太岁在卯"，其余由此类推，如下图所示：

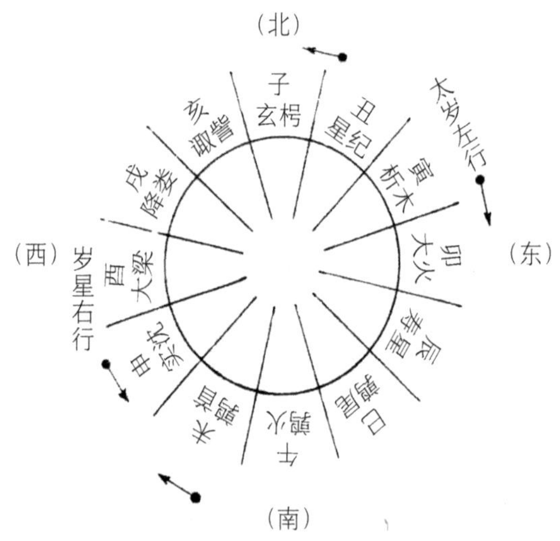

此外古人还取了摄提格、单阏[1]等十二个太岁年名作为"太岁在寅""太岁在卯"等十二个年份的名称。屈原《离骚》："摄提贞于孟陬兮，惟庚寅吾以降"，一般认为这里的摄提就是作为太

---

1 单阏，读chán yān。

岁年名的摄提格,是说屈原出生于"太岁在寅"之年[1];孟陬指夏历正月建寅之月;庚寅是生日的干支。这样说来,屈原的生辰恰巧是寅年寅月寅日。

下面列表说明摄提格、单阏等十二个太岁年名和太岁所在、岁星所在的对应关系:

太岁年名[2]	太岁所在	岁星所在
摄提格	寅(析木)	星纪(丑)
单阏	卯(大火)	玄枵(子)
执徐	辰(寿星)	诹訾(亥)
大荒落	巳(鹑尾)	降娄(戌)
敦牂	午(鹑火)	大梁(酉)
协洽	未(鹑首)	实沈(申)
涒滩	申(实沈)	鹑首(未)

---

1 注意:屈原时代的"太岁在寅"是反映当时岁星所在的相应的方位的,人们可以把《离骚》里的摄提(格)翻译为寅年,但不能理解为后世的干支纪年法里的寅年,干支纪年法里的子丑寅卯只是一套抽象的次序符号,和太岁所在、岁星所在没有关系。又朱熹《楚辞集注》说:"摄提,星名,随斗柄以指十二辰者也。"这是另外一种解释。

2 太岁年名的写法根据《尔雅·释天》。大荒落、协洽,《史记·天官书》作大荒骆、叶洽。作噩,《汉书·天文志》作作詻,《淮南子·天文训》《史记·历书》《史记·天官书》作作鄂。阉茂,《史记·历书》作淹茂,《史记·天官书》作阉茂,《汉书·天文志》作掩茂。

太岁年名	太岁所在	岁星所在
作噩	酉（大梁）	鹑火（午）
阉茂	戌（降娄）	鹑尾（巳）
大渊献	亥（诹訾）	寿星（辰）
困敦	子（玄枵）	大火（卯）
赤奋若	丑（星纪）	析木（寅）

大概在西汉年间，历家又取了阏逢、旃蒙等十个名称，叫作岁阳。依次和上述十二个太岁年名相配（配法和前述六十甲子相同），组合成为六十个年名，以阏逢摄提格为第一年，旃蒙单阏为第二年，其余由此类推，六十年周而复始。《史记·历书·历术甲子篇》自太初元年（公元前104年）始，就用这些年名纪年。《尔雅·释天》载有十个岁阳和十干对应，列表如下[1]：

岁阳	阏逢	旃蒙	柔兆	强圉	著雍	屠维	上章	重光	玄黓	昭阳
十干	甲	乙	丙	丁	戊	己	庚	辛	壬	癸

1　岁阳名称也根据《尔雅·释天》。《淮南子·天文训》与此基本相同。《史记·历书》所见十个岁阳的名称和顺序是焉逢、端蒙、游兆、彊梧、徒维、祝犁、商横、昭阳、横艾、尚章，和《尔雅》有出入。

上文说过，十二个太岁年名和十二辰对应。为便于查阅，再作简表如下：

太岁年名	摄提格	单阏	执徐	大荒落	敦牂	协洽	涒滩	作噩	阉茂	大渊献	困敦	赤奋若
十二辰	寅	卯	辰	巳	午	未	申	酉	戌	亥	子	丑

所以如果用干支来更代，阏逢摄提格可以称为甲寅年，旃蒙单阏可以称为乙卯年，等等。这些年名创制之初是为了反映岁星逐年所在的方位的，但是后来发现岁星并不是每年整走一个星次，用它们来纪年并不能反映逐年的实际天象，所以就废而改用六十甲子纪年了。后世有人使用这些古年名纪年，那是根据当年的干支来对照的。例如，司马光《资治通鉴》卷一百七十六《陈纪》十下注曰："起阏逢执徐，尽著雍涒滩，凡五年。"是说从甲辰到戊申共五年。清初作家朱彝尊在《谒孔林赋》里写道："粤以屠维作噩之年，我来自东，至于仙源。"其实是说在己酉年。他的《曝书亭集》里的古今诗系年，也用这些年名。我们阅读古书，应该知道这种情况。

干支纪年法一般认为兴自东汉[1]，而六十甲子周而复始，到

现在没有中断。由此可以向上逆推，知道上古某年是什么干支。一般历史年表所记的西汉以前的逐年干支，是后人逆推附加上去的，这一点应该注意。

关于纪年法我们就说到这里。

（七）三正

最后谈谈"三正(zhēng)"的问题。

春秋战国时代有所谓夏历、殷历和周历，三者主要的区别在于岁首的月建不同，所以又叫作三正。周历以通常冬至所在的建子之月（即夏历的十一月）为岁首，殷历以建丑之月（即夏历的十二月）为岁首，夏历以建寅之月（即后世通常所说的阴历正月）为岁首。周历比殷历早一个月，比夏历早两个月。由于三正岁首的月建不同，四季也就随之而异。下表以月建为纲，说明三正之间月份和季节的对应：

月建	子	丑	寅	卯	辰	巳	午	未	申	酉	戌	亥
周历	正月	二月	三月	四月	五月	六月	七月	八月	九月	十月	十一月	十二月
	(春)			(夏)			(秋)			(冬)		
殷历	十二月	正月	二月	三月	四月	五月	六月	七月	八月	九月	十月	十一月
	(冬)	(春)			(夏)			(秋)			(冬)	
夏历	十一月	十二月	正月	二月	三月	四月	五月	六月	七月	八月	九月	十月
	(冬)		(春)			(夏)			(秋)			(冬)

　　夏殷周三正是春秋战国时代不同地区所使用的不同的历日制度，我们阅读先秦古籍有必要了解三正的差异，因为先秦古籍所据以纪时的历日制度并不统一。举例来说，《春秋》和《孟子》多用周历[1]；《楚辞》和《吕氏春秋》用夏历；《诗经》要看具体诗篇，例如《小雅·四月》用夏历[2]，《豳风·七月》就是夏历和周历并用[3]。《春秋·成公八年》说"二月无冰"，史官把这一罕见的现象载入史册，显而易见，这是指周历二月即夏历十二月而言，如果是夏历二月，则已经"东风解冻"，无冰应是正常现象，无需大书特书了。又如《春秋·庄公七年》说"秋，大水，无麦苗"，这也指周历，周历秋季相当于夏历五六月，晚收的麦子和"五稼之苗"有可能被大水所"漂杀"，如果是夏历秋季，就很难索解了。由此可知《孟子·梁惠王上》所说的"七八月之间旱，则苗槁矣"也是用周历，周历七八月相当于夏历五六月，其时正是禾苗需要雨水的时候。根据同样的理由，我们相信《孟子·滕文公上》所说的"江汉以濯之，秋阳以暴之"的秋阳是指夏历五六月的炎日。在《春秋》和《左传》里，同一历史事实，《春秋》经文和《左传》所记的时月每有出入，甚至同属《左传》所记，

1　《孟子·离娄下》："岁十一月徒杠成，十二月舆梁成，民未病涉也。"阮元以为此用夏历，但是这一点学者间有争论。

2　所以原诗说"四月维夏，六月徂暑""秋日凄凄，百卉具腓""冬日烈烈，飘风发发"。

3　此诗凡言"七月"等处是夏历，"一之日"等处是周历。

而时月也互有异同，这可以从三正的差异中求得解释。[1] 例如，《春秋·隐公六年》说："冬，宋人取长葛"[2]，《春秋·僖公五年》说："春，晋侯杀其世子申生"，《左传》记此事于僖公四年十二月。可见《左传》所依据的史料有的是用夏历。

在战国秦汉之间有所谓"三正论"，认为夏正建寅、殷正建丑、周正建子是夏商周三代轮流更改正朔，说什么"王者始起"要"改正朔""易服色"等以表示"受命于天"。当然这并不可信。秦始皇统一中国后，改以建亥之月（即夏历的十月）为岁首，但是夏正比较适合农事季节，所以并不称十月为正月，不改正月（秦人叫端月）为四月，春夏秋冬和月份的搭配，完全和夏正相同。汉初沿袭秦制，《史记·魏其武安侯列传》载汉武帝元光五年（公元前130年）十月杀灌夫，十二月晦杀魏其，接着说："其春，武安侯病，专呼服谢罪。使巫视鬼者视之，见魏其、灌夫共守，欲杀之。"司马迁不说"明春"，而说"其春"，就是因为当时以十月为岁首，当年的春天在当年的十二月之后的缘故。汉武帝元封七年（公元前104年）改用太初历，以建寅之月为岁首。此后大约二千年间，除王莽和魏明帝时一度改用殷正，唐武后和肃宗时一度改用

---

[1] 文字错乱又当别论。

[2] 杜预想调和经传纪时上的矛盾，解释说"秋，取，冬乃告也"，又说"今冬乘长葛无备而取之"，则自相矛盾，其实从周历夏历的差异上来解释就很自然。

周正外，一般都是用的夏正。

（八）节日

附带谈谈一些节日。

由于风俗习惯的关系，一年有许多节日。下面把一些主要节日按月加以叙述。

元旦　这是正月初一日。（辛亥革命以后，公历的1月1日被称为元旦，正月初一被改称春节。）

人日　这是正月初七日。据传说，正月一日为鸡，二日为狗，三日为猪，四日为羊，五日为牛，六日为马，七日为人。高适《人日寄杜二拾遗》（按即杜甫）："人日题诗寄草堂。"

上元（元月元宵）　正月十五日。旧俗以元夜张灯为戏，所以又叫灯节。朱淑贞《生查子》："去年元夜时，花市灯如昼。"

社日　农家祭社祈年的日子，立春后第五个戊日（在春分前后）。杜甫《遭田夫泥饮美严中丞》："田翁逼社日，邀我尝春酒"，王驾《社日》诗："桑柘影斜春社散，家家扶得醉人归"，这是春社。又，立秋后第五个戊日为秋社，在秋分前后。

寒食　清明前二日。《荆楚岁时记》说，冬至后一百五日，谓之寒食，禁火三日。因此，有人以"一百五"为寒食的代称。温庭筠《寒食节日寄楚望》诗："时当一百五。"但依照旧法推算，清明前二日不一定是一百五日，有时是一百六日。所以元稹《连昌宫词》说："初过寒食一百六,店舍无烟宫树绿。"

清明　就是清明节。古人常常把清明和寒食联系起来。杜牧《清明》诗："清明时节雨纷纷。"

花朝　二月十二日为花朝,又叫百花生日。

上巳　原定为三月上旬的一个巳日(所以叫上巳),旧俗以此日临水祓除不祥,叫作修禊。但是自曹魏以后,把节日固定为三月三日。后来变成了水边饮宴、郊外游春的节日。杜甫《丽人行》："三月三日天气新,长安水边多丽人。"

浴佛节　传说四月初八日是释迦牟尼的生日。《荆楚岁时记》说,荆楚以四月八日诸寺香汤浴佛,共作龙华会。《洛阳伽蓝记·法云寺》："四月初八日,京师士女多至河间寺。"

端午(端阳)　五月初五日。《荆楚岁时记》说,屈原在五月五日投江,人们在这一天竞渡,表示要拯救屈原。(后来又把船做成龙形,叫龙舟竞渡。)关于端午节的传说很多。唐代以后,端午节被规定为大节日,常有赏赐。杜甫《端午日赐衣》："端午被恩荣。"

伏日　夏至后第三个庚日叫初伏,第四个庚日叫中伏,立秋后第一个庚日叫终伏(末伏),总称为三伏。据说伏是隐伏避盛暑的意思。[1]伏日祭祀,所以也是一个大节日。一般所谓伏日,

---

1　此据《史记·秦本纪》"二年初伏"张守节正义。

大约指的是初伏。杨恽《报孙会宗书》："田家作苦，岁时伏腊，烹羊炰羔，斗酒自劳。"

七夕 七月七日。《荆楚岁时记》说，七月初七日的晚间是牵牛织女聚会之夜，人家妇女结彩缕穿七孔针，陈酒脯瓜果于庭中，以乞巧。杜牧《七夕》诗："银烛秋光冷画屏，轻罗小扇扑流萤。天阶夜色凉如水，卧看牵牛织女星。"

中元 七月十五日。[1]佛教传说：目连的母亲堕入饿鬼道中，食物入口，即化烈火，目连求救于佛，佛为他说《盂兰盆经》，叫他在七月十五日作盂兰盆[2]以救其母。后代把中元看成鬼节，有施饿鬼等迷信行为。

中秋 八月十五日。人们以为这时的月亮最亮，所以是赏月的佳节。苏轼《水调歌头》："明月几时有，把酒问青天。"

重阳（重九、九日） 九月初九日。古人以为九是阳数，日月都逢九，所以称为重阳。古人在这一天有登高饮酒的习惯。据《续齐谐记》所载，费长房对汝南桓景说，九月九日汝南有大灾难，带茱萸囊登山饮菊花酒可以免祸。这是一般人认为重九登

---

1 正月十五日为上元，七月十五日为中元，十月十五日为下元。后代只有上元中元成为节日。

2 盂兰盆，梵语，是倒悬的意思。作盂兰盆，指施佛及僧，以报父母养育之恩。

高的来源，但不一定可靠。[1] 王维《九月九日忆山东兄弟》："遥知兄弟登高处，遍插茱萸少一人。"

冬至　就是冬至节。冬至前一日称为小至。古人把冬至看成是节气的起点[2]，从冬至起，日子一天天长起来，叫作"冬至一阳生"[3]。古人又认为，冬天来了，春天就要跟着到来。杜甫《小至》诗："冬至阳生春又来。"

腊日　腊是祭名。《说文》："冬至后三戌腊祭百神"，可见汉代的腊日是冬至后第三个戌日。但是《荆楚岁时记》以十二月初八日为腊日，并说村人击细腰鼓，作金刚力士以逐疫。十二月初八日是一般的解释，到今天还有"腊八粥"的风俗。杜甫《腊日》诗："腊日常年暖尚遥，今年腊日冻全消。"又《咏怀古迹》（其四）："岁时伏腊走村翁。"

除夕　一年最后一天的晚上。除是除旧布新的意思，一年的最后一天叫"岁除"，所以那天晚上叫"除夕"。苏轼《守岁》诗："儿童强不睡，相守夜欢哗。"

上述这些节日，不是一个时代的，而是许多时代积累下来的。

1　《风土记》以为此日折茱萸插头，以辟恶气，而御初寒，与此并不相同。

2　《史记·律书》："气始于冬至，周而复始。"

3　《史记·律书》："日冬至，则一阴下藏，一阳上舒。"

清院本《十二月令图轴》仲秋

附录五

礼俗、宗法

一、礼俗

    礼俗是社会的上层建筑，它是和社会的经济基础相适应的。奴隶社会有奴隶社会的礼俗，封建社会有封建社会的礼俗。在古代社会中，统治阶级所提倡的礼俗是维护统治阶级利益的，在今天看来，许多不合理的繁琐的礼俗和吃人的礼教，在当时都是为了巩固统治阶级的统治的。在这个题目下，我们不能全面叙述上古的礼俗，只能谈谈几个重要的方面。

（一）阶级、阶层

尧舜禅让的传说与原始公社制的阶段相符合；夏禹不传贤而传子，可以认为是原始公社制的瓦解。夏代是否已经达到奴隶制，还不得而知。至于殷代，可以确实断定是奴隶社会了。

依照古代史的研究者的一般结论，最初所谓"众""奚""仆""臣""妾"都是奴隶。臣是男奴隶，妾是女奴隶。周初的社会还存在着大量的奴隶，周天子常常拿奴隶赏赐给他的大臣。奴隶有在室内劳动的，但是他们主要劳动还是农业生产。有人说《诗经·周颂·噫嘻》说的"亦服尔耕，十千维耦"指的就是两万奴隶在那里耕田。《尚书·牧誓》说到"臣妾逋逃"是指的奴隶逃亡。

周代的奴隶还可以像牛马一样在市场上贩卖。《周礼·地官·质人》："质人掌成市之货贿、人民、牛马、兵器、车辇、珍异。"郑玄注："人民，奴婢也。"贩卖成交后，要订立合同。这种合同叫作"质剂"。依郑玄说，人民牛马的合同叫"质"，兵器珍异的合同叫作"剂"。

奴隶还可以被当作牲畜来屠杀，这表现在上古的殉葬制度上。《墨子·节葬下》："天子杀殉，众者数百，寡者数十；将军大夫杀殉，众者数十，寡者数人。"在殷代，这话完全合乎事实。到了周代，虽然此风稍衰（这不是由于仁慈，而是由于人力可贵），但是在某些国度仍然是盛行的。例如秦国，据《史记·秦本纪》所载，秦武公葬时，从死者六十六人，秦穆公葬时，从死者一百七十七人（包括《诗经·秦风·黄鸟》所悼念的三良在内）。又据《史记·秦始皇本纪》所载，秦始皇葬时，秦二世令后宫（妃嫔等）无子者一律"从死"，"死者甚众"，而且把工匠都关闭在陵墓里。古代统治阶级的这种淫威，令人发指。

奴隶和奴隶主是两个相对抗的阶级。商代的奴隶主是贵族，总称为"百姓"[1]，商王是贵族最高的代表，自称为"余一人"[2]。《论语·尧曰》引《尚书·泰誓》的话说："百姓有过，在予一人。"可见周初还这样称呼。后来百姓成为民的同义词。民在古代又称为黎民，秦国则称为黔首。

商代王位的继承是兄终弟及，无弟然后传子。周代王位由嫡长子世袭，余子分封为诸侯（也有异姓功臣封为诸侯的）。诸侯的君位也由嫡长子继承，余子分封为卿大夫。诸侯受封国于天子，卿大夫受采邑于诸侯。卿大夫下面是士（大体是大夫的宗族），士受禄田于卿大夫。周天子有天下，诸侯有国，卿大夫有家。家是卿大夫统治的区域，担任家的官职的通常是士，称为家臣。孔子的学生冉有、季路就担任过季康子的家臣。

《左传·昭公七年》说："王臣公，公臣大夫，大夫臣士。"这样，

1　百姓，金文写作"百生"，后来周人称商的贵族为"殷多士"。
2　"余一人"见于甲骨文，古书上写作"予一人"。

形成统治阶级内部的各级阶层。春秋以前士是武士,有义务"执干戈以卫社稷";春秋以后士是文士,士逐渐成了统治阶级知识分子的通称。

士的下面是庶人,又称庶民。西周时庶人虽然还是用来封赐的对象,但是庶人的身份比奴隶高,以后庶人就逐渐成为个体农民了。《荀子·王制》篇说:"君者,舟也;庶人者,水也。水则载舟,水则覆舟",可见庶人的向背直接关系到上层统治阶级的安危。

君子小人也是两个相对立的概念。最初君子是贵族统治阶级的通称,小人是被统治阶级的通称,后来以所谓有德无德来区别君子和小人(统治阶级的阶级偏见影响到词义的发展)。

(二)冠礼

据近人研究,氏族社会的男女青年到达成熟期后必须参加"成丁礼"才能成为氏族公社的正式成员,才能享受应有的权利和履行应尽的义务。周代的冠礼(加冠仪式)就是由这种"成丁礼"变化来的。

周代贵族男子二十岁时由父亲在宗庙里主持冠礼。行礼前先筮日(选定加冠的日期)、筮宾(选定加冠的来宾)。行礼时由来宾加冠三次:先加缁布冠,表示从此有治人的特权;次加皮弁,表示从此要服兵役；最后加爵弁，表示从此有权参加祭祀。[1]来宾敬酒后，去见母亲，又由来宾取"字"，然后去见兄弟姑姊，最后戴礼帽穿礼服带礼品去见国君卿大夫和乡先生。主人向来宾敬酒赠礼品后，礼成。

贵族男子二十岁结发加冠后可以娶妻，贵族女子十五岁许嫁时举行笄礼后结发加笄。所谓结发，就是在头顶上盘成发髻（区别于童年的发式），表示年届"成人"，可以结婚了。《文选》卷二十九苏武诗说："结发为夫妻，恩爱两不疑"，可见这种风俗流传很久。

（三）婚姻

春秋时代，诸侯娶一国之女为妻（嫡夫人），女方以姪（兄弟之女）娣（妹妹）随嫁，此外还有两个和女方同姓的国家送女儿陪嫁，亦各以姪娣相从，这统称为"媵"。嫡夫人是正妻，媵是非正妻。媵的地位和妾不同，妾被认为是贱妾，是嬖人，而媵的身份还是比较尊贵的。战国时代就没有媵的制度了。

古代女子出嫁曰"归"。《说文》说："归，女嫁也。"《诗经·周南·桃夭》："之子于归，宜其室家。"可见出嫁的女子以男家为家。《白虎通·嫁娶》说："嫁者，家也。"可见"嫁"字本身就意味着"有

---

1 缁布冠是用黑麻布做的冠，皮弁是用白鹿皮做的，爵弁是赤黑色的平顶帽子，是祭祀时戴的。

家"。《白虎通·嫁娶》又说："娶者，取也。"《说文》也说："娶，取妇也。"《周易》和《诗经》就写成"取"，这表示男子把别家的女儿取到自己家里来。男尊女卑的风俗，由嫁娶两字就可以证明。嫁对于女子来说是被动的，古代只说"嫁女"或"嫁妹"，不说"嫁夫"，可见嫁的权力操在父兄之手。娶，对于男子来说是主动的，所以古代常说"娶妻""娶妇"（妇就是妻）。

《诗经》两次歌咏"娶妻如之何？匪媒不得"[1]。媒在古代婚姻中的作用非常大，多少青年男女的命运掌握在媒人的手里。

古代的婚姻，据说要经过六道手续，叫作六礼：第一是纳采，男家向女家送一点小礼物（一只雁），表示求亲的意思；第二是问名，男家问清楚女子的姓氏，以便回家占卜吉凶；第三是纳吉，在祖庙卜得吉兆以后，到女家报喜，在问名纳吉时当然也要送礼；第四是纳征，这等于宣告订婚，所以要送比较重的聘礼，即致送币帛；第五是请期，这是择定完婚吉日，向女家征求同意；第六是亲迎，也就是迎亲。

六礼之中，纳征和亲迎最为重要。《诗经·大雅·大明》"文定厥祥，亲迎于渭"，旧说是周文王卜得吉兆纳征订婚后，亲迎太姒于渭滨。后世以"文定"作为订婚的代称。《礼记·昏义》谈到亲迎

1　见《齐风·南山》《豳风·伐柯》。后者少一个"之"字。

后新郎新娘"共牢而食,合卺而酳"[1],后世夫妇成婚称为"合卺",就是从这里来的。

以上所说的六礼当然只是为贵族士大夫规定的,一般庶民对这六礼往往精简合并。

(四)丧葬

人将死时叫作"属纩"(《礼记·丧大记》)。属是放置的意思,纩是新絮。新絮很轻。据说古人把新絮放在临终的人的口鼻上,试看是否断气。这不一定成为风俗,至多也只是个别地方的风俗罢了,但是"属纩"却成为临终的代称。

古人初死,生人要上屋面向北方为死者招魂,这叫作"复",意思是招唤死者的灵魂回复到身体。复而不醒,然后办理丧事。

古人死后,要给他沐浴。这在《礼记·丧大记》里有记载。这个风俗持续到后世。《晋书·王祥传》记载,王祥将死诫其子曰:"气绝但洗手足,不须沐浴。"可见一般人死后是要沐浴的。

死后有"敛"(殓)的仪式。有小敛,有大敛。小敛是给尸体裹上衣衾,越是贵族,衣衾越多。大敛则是把尸体装进棺材。敛时死人口里须饭含,所以《战国策·赵策》讲道:"邹鲁之臣,生则

---

1 以一瓠分为两瓢谓之卺,新郎新娘各执一瓢而酳(用酒漱口),称为合卺。后代合卺变为交杯,新郎新娘换杯对饮(只做个样子)。

不得事养,死则不得饭含。"[1]

入殓后,停丧待葬叫作"殡"。《论语·乡党》:"朋友死,无所归,曰:于我殡。"孔子的意思是说:"就在我家里停枢吧!"《左传·僖公三十二年》:"冬,晋文公卒。庚辰,将殡于曲沃。"这是说把晋文公的灵枢送到曲沃停丧,还不是葬。据《春秋》《左传》,次年四月才葬晋文公的。后世所谓出殡是把灵枢送到埋葬的地方去。

贵族出葬时还有许多排场,这里没有必要叙述。

送葬的规矩是白衣执绋。绋是拉枢车的绳子。执绋的原意是亲友们帮助拉车,实际上只有形式。后来出殡,在送殡人行列的两旁拉两根带子,那就是执绋的遗制。

挽歌据说最初是挽枢的人唱的。古乐府相和曲中的《薤露》《蒿里》都是挽歌,陶渊明有《挽歌》诗三首,后世的挽联就是从挽歌演变来的。

下面说到葬。

上文说过,殷代奴隶主有人殉的制度。后世知道人力可贵,改以"俑"来代替。俑是人偶,有木俑、土俑。后来孔子还反对用俑,孟子说(《孟子·梁惠王上》):"仲尼曰:'始作俑者,其无后

---

1 饭是把米放在死者口里。"含"又写作"琀",是把玉放在死者口里。

乎！'为其象人而用之也。"

从殷代到战国，统治阶级还把生前使用的车马带到墓里去。其他随葬的物品是多方面的，包括青铜制的饮食器、兵器、乐器等，玉制、骨制的装饰品以及其他什物。越是贵族，随葬品就越多越精美。也有一些专为随葬而作的"明器"（伴葬的器物）。汉代日常生活中的东西，被仿制成陶土模型随葬，明器的象征性就更加明显了。

上古贵族统治阶级的墓里大多有椁（椁），椁是外棺，主要是用来保护棺材的，有的竟有三四重之多。《论语·先进》说，孔子的儿子孔鲤死后，"有棺而无椁"，可见椁不是一般人所能具备的。

以上所说的只是贵族士大夫的丧葬，至于庶人的丧葬，那完全是另一回事。即使是最节俭的丧葬，对于"匹夫贱人"来说，已经是"殚竭家室"。庶人死了至多只能"稿葬"（草草安葬），如果遇着饥荒的年头，就只好饿死以填沟壑了。

《礼记·檀弓上》说："古也墓而不坟。"根据现代田野考古工作报告，我们知道殷代和西周的墓都还没有坟堆，后来在墓上筑起坟堆，主要是作为墓的标志，其次是为了增加盗墓的困难。

先秦文献有合葬的记载。例如，《诗经·王风·大车》说："死则同穴。"《礼记·檀弓上》记载孔子将其父母合葬于防。现代田野考古发现一座战国墓中有一椁两棺的结构，考古工作者认为，夫妇合葬的普遍流行是西汉中叶以后的事。《孔雀东南飞》说：

"两家求合葬,合葬华山傍,东西植松柏,左右植梧桐。"仲长统《昌言》说:"古之葬者,松柏梧桐以识坟也。"这风俗也流传很久。

关于丧服,留到下文"宗法"里讨论。

二、宗法

宗法是以家族为中心、根据血统远近区分嫡庶亲疏的一种等级制度。这种制度巩固了统治阶级的世袭统治,在封建社会中长期被保存下来,为封建制度服务。下面把有关中国古代宗法制度的一些主要的知识分四方面加以叙述。

(一)族、昭、穆

族,表示亲属关系。《尚书·尧典》:"克明俊德,以亲九族。"依旧说,九族指的是高祖、曾祖、祖、父、自己、子、孙、曾孙、玄孙,这是同姓的族。[1]九族之外,有所谓三族。三族有三说:①父子孙为三族;②父母、兄弟、妻子为三族;③父族、母族、妻族为三族。

古代一人"犯罪",常常牵连到亲属也被杀戮。《史记·秦本纪》载,秦文公二十年(公元前746年)"法初有三族之罪",依张晏说,这里的三族指父母、兄弟、妻子[2]。《史记·魏其武安侯列传》:

---

1 九族还有别的说法,这里不讨论。

2 如淳认为指父族、母族、妻族。

"使武安侯在者，族矣！"族是族诛的意思。后世所谓诛九族，包括从高祖到玄孙的直系亲属，以及旁系亲属中的兄弟、堂兄弟等，这是专治时代最惨无人道的刑法。

周代贵族把始祖以下的同族男子逐代先后相承地分为"昭""穆"两辈，这是周代宗法和后世不同的一点。试从大王（古公亶父）算起，大王的下一代是大伯、虞仲和王季，这是昭辈；王季既属昭辈，则王季的下一代文王、虢仲和虢叔就是穆辈。以后各代依此类推，文王的下一代是武王，又是昭辈；武王的下一代是成王，又是穆辈。由此可见周代贵族用昭穆字样来区别父子两代，隔代的字辈相同。这种昭穆的分别，也体现在宗庙、墓冢和祭祀上，始祖居中，昭的位次在左，穆的位次在右。了解到这一点，就会知道《左传·僖公五年》所说的"大伯、虞仲，大王之昭也""虢仲虢叔，王季之穆也"，不过是说大伯、虞仲是大王的下一代，虢仲、虢叔是王季的下一代。《左传·定公四年》说："曹，文之昭也；晋，武之穆也。"曹、晋都是姬姓封国，这是说曹国的祖先是文王的儿子，晋国的祖先是武王的儿子。

（二）大宗、小宗

古代宗法上有大宗、小宗的分别。嫡长子孙这一系是大宗，其余的子孙是小宗。周天子自称是上帝的长子，其王位由嫡长子世袭，这是天下的大宗；余子分封为诸侯，对天子来说是小宗。

诸侯的君位也由嫡长子世袭，在本国是大宗；余子分封为卿大夫，对诸侯来说是小宗。卿大夫在本族是大宗；余子为士，对卿大夫来说是小宗。士和庶人的关系也是这样。

在宗法上，大宗比小宗为尊，嫡长子比其余诸子为尊。嫡长子被认为是继承始祖的，称为宗子。只有宗子才有主祭始祖的特权，才能继承特别多的财产，应该受到小宗的尊敬。《礼记·大传》说："尊祖故敬宗；敬宗，尊祖之义也。"这样，嫡长子的地位就显得特别高贵，对其余诸子来说，在家族上是以兄统弟，在政治上是以君统臣，这就抑止了统治阶层的内讧，巩固了贵族的世袭统治，所以历代的封建统治阶级都努力保存宗法制度。

（三）亲属

中国宗法的特点是：①亲属关系拉得远；②亲属名称分得细，特别是先生后生要有不同的名称，如兄弟姊妹等。

父之父为祖，古称王父；父之母为祖母，古称王母。祖之父母为曾祖父、曾祖母；曾祖之父母为高祖父、高祖母。

子之子为孙，孙之子为曾孙，曾孙之子为玄孙，玄孙之子为来孙，来孙之子为昆孙，昆孙之子为仍孙，仍孙之子为云孙。

父之兄为世父（伯父），父之弟为叔父，简称为伯叔。世父叔父之妻称为世母（伯母）、叔母（后来称为婶）。伯叔之子（堂兄弟）称为从父昆弟，又称为从兄弟，这是同祖父的兄弟。父之姊妹为姑。

父之伯叔称为从祖祖父（伯祖父、叔祖父），其妻称为从祖祖母（伯祖母、叔祖母），其子称为从祖父，俗称堂伯、堂叔，这是同曾祖的伯叔，其妻称为从祖母（堂伯母、堂叔母），堂伯叔之子称为从祖昆弟，又称为再从兄弟（从堂兄弟），这是同曾祖的兄弟。

祖父的伯叔是族曾祖父，称为族曾王父；其妻是族曾祖母，称为族曾王母。族曾祖父之子是族祖父，称为族祖王父。族祖父之子为族父。族父之子为族兄弟，这是同高祖的兄弟。

兄之妻为嫂，弟之妻为弟妇。兄弟之子为从子，又称为侄；兄弟之女为从女，后来又称侄女。《尔雅·释亲》："女子谓昆弟之子为侄。"《仪礼·丧服传》："谓吾姑者，吾谓之侄。"可见上古姑侄对称。兄弟之孙为从孙。

姊妹之子为甥，后来又称外甥。女之夫为女婿或子婿[1]，后来省称为婿。

父之姊妹之子女称为中表（表兄、表弟、表姊、表妹），中表是晋代以后才有的称呼。

母之父为外祖父，古称外王父，母之母为外祖母，古称外王母，外祖父之父母为外曾王父与外曾王母。母之兄弟为舅，母之

---

1 婿的本义是夫，女婿是女之夫。子在上古兼指儿子和女儿，子婿也是指女之夫。

姊妹为从母，母之从兄弟为从舅。母之兄弟姊妹之子女为从母兄弟与从母姊妹，后来也称为中表。

妻又称为妇。妻之父为外舅（岳父），妻之母为外姑（岳母），妻之姊妹为姨。

夫又称为婿。夫之父为舅，又称为嫜。夫之母为姑。连称为舅姑或姑嫜。夫之妹为小姑（中古以后的称呼）。夫之弟妇为娣妇，夫之嫂为姒妇，简称为娣姒，又叫妯娌。

妇之父母与婿之父母相谓为婚姻，分开来说，则妇之父为婚，婿之父为姻。两婿相谓为娅，后代俗称为连襟（襟兄、襟弟）。

在宗法社会封建社会里，讲究父慈、子孝、兄友、弟恭，要求妇女讲究妇道。实际上，统治阶级自己并不遵守这些道德。弑父、杀兄等事，史不绝书。

嫡庶之分，在中国宗法社会里也是非常严格的。正妻称为嫡妻，嫡妻之子为嫡子。妾之子称为庶子。这是一种区别。长子为嫡子，非长子为众子，这又是一种区别。当然，所谓长子为嫡子，也必须是正妻之子。嫡庶之分，关系到承袭制度。《公羊传·隐公元年》："立嫡以长不以贤，立子以贵不以长。"根据这个原则，正妻所生的长子才合乎承袭的资格，妾媵所生的子即使年长，如果正妻有子，仍应由正妻的子承袭。这样做法，据说可以不引起争端。但是由于争夺利益，统治阶级杀嫡立庶的事情也是史不绝书的。

（四）丧服

丧服是居丧的衣服制度。由于生者和死者亲属关系有亲疏远近的不同，丧服和居丧的期限也各有不同。丧服分为五个等级，叫作五服。五服的名称是斩衰、齐衰、大功、小功、缌麻。下面根据《仪礼·丧服》篇所记，分别加以叙述。

斩衰（缞）是五服中最重的一种。凡丧服上衣叫衰（披在胸前），下衣叫裳。衰是用最粗的生麻布做的，衣旁和下边不缝边，所以叫作斩衰，斩就是不缝缉的意思。子为父、父为长子都是斩衰[1]，妻妾为夫、未嫁的女子为父，除服斩衰外还有丧髻，这叫"髽衰"。斩衰都是三年丧（实际上是两周年）。

齐衰次于斩衰，这是用熟麻布做的。因为缝边整齐。所以叫作齐衰。《仪礼·丧服》篇载齐衰分为四等：①齐衰三年，这是父卒为母、母为长子的丧服；②齐衰一年，用杖（丧礼中所执的），这叫"杖期"，这是父在为母、夫为妻的丧服；③齐衰一年，不用杖，这叫"不杖期"，这是男子为伯叔父母、为兄弟的丧服，已嫁的女子为父母，媳妇为舅姑（公婆）、孙和孙女为祖父母也是不杖期；④齐衰三月，这是为曾祖父母的丧服。

大功次于齐衰，这是用熟麻布做的，比齐衰精细些。功，指织布的工作。大功是九个月的丧服，男子为出嫁的姊妹和姑母、

---

1 诸侯为天子、臣为君也是斩衰。

为堂兄弟和未嫁的堂姊妹都是大功，女子为丈夫的祖父母伯叔父母、为自己的兄弟也是大功。

小功又次于大功，小功服比大功服更精细，是五个月的丧服。男子为从祖祖父（伯祖父、叔祖父）、从祖祖母（伯祖母、叔祖母）、从祖父（堂伯、堂叔）、从祖母（堂伯母、堂叔母）、从祖昆弟（再从兄弟）、从父姊妹（堂姊妹）、外祖父母都是小功，女子为丈夫的姑母姊妹，为娣妇姒妇也是小功。

缌麻是五服中最轻的一种，比小功服更精细，丧期是三个月。男子为族曾祖父、族曾祖母、族祖父、族祖母、族父、族母、族兄弟，为外孙（女之子）、外甥、婿、妻之父母、舅父等都是缌麻。

以上是《礼经》上所记的一套丧服制度。这套制度在当时虽然不见得全部实行，后世的丧服丧期虽然也有所改变，但是从中我们可以看到以下三点：

第一，在丧期中可以看出重男轻女的情况。妻为夫居丧三年，夫为妻服丧只有期年。明代以前，如果父亲还在，儿子为母亲居丧也只是齐衰而不是斩衰。

第二，在丧服中又可以看出嫡庶的分别甚严。庶子为嫡母服丧三年（明代以后，庶子为自己的母亲也服丧三年），但是嫡子不为庶母服丧，后来改为期年丧。长子长孙在服丧中很重要。在丧制中有所谓"承重孙"，就是由于嫡长子已死，应由嫡长子的儿子承担丧祭（和宗庙）的重任。又有所谓"承重曾孙"，承重孙或承重曾孙在讣闻（讣告）中名字是列第一位的。

第三，在丧服中明显地表现了血统亲疏的等级。因此，习惯上以五服以内为亲，五服以外为疏。《尔雅·释亲》："族父之子相谓为族昆弟，族昆弟之子相谓为亲同姓。"（注："同姓之亲无服属。"这就是说，族兄或族弟的儿子相互间已经没有丧服的关系，只有同姓的关系了。）

古人讲到亲戚关系时，常常用丧服来表示亲疏远近。例如李密《陈情表》："外无期功强近之亲，内无应门五尺之童。"又如杜甫《遣兴》："共指亲戚大，缌麻百夫行。"在这种情况下，期功缌麻并不指的是丧服，而指的是亲戚了。

［明］方以智 《松柏图》

参考文献

先秦

《周易·系辞》

《尚书·说命》

《诗经·郑风·风雨》

《诗经·郑风·褰裳》

《诗经·齐风·南山》

《诗经·豳风·七月》

《诗经·豳风·狼跋》

《诗经·邶风·谷风》

《诗经·魏风·硕鼠》

《诗经·齐风·还》

《诗经·大雅·荡》

《诗经·小雅·斯干》

《诗经·小雅·皇皇者华》

《左传·襄公十八年》

《左传·襄公二十二年》

《左传·僖公四年》

《左传·僖公三十年》

《左传·曹刿论战》　　　　　　　节选自《左传·庄公十年》

《国语·鲁语》

《国语·周语》

《列子·愚公移山》　　　　　　　节选自《列子·汤问》

《列子·说符》

《孟子·梁惠王上》

《孟子·尽心上》

《庄子·逍遥游》

《庄子·齐物论》

《庄子·天地》

《孙子·谋攻》

《吕氏春秋·刻舟求剑》　　　　　节选自《吕氏春秋·察今》

《韩非子·郑人买履》　　　　　　节选自《韩非子·外储说左上》

《韩非子·扁鹊见蔡桓公》　　　　节选自《韩非子·喻老》

《韩非子·五蠹》

《韩非子·显学》

《墨子·公输》

《战国策·触詟说赵太后》　　　　节选自《战国策·赵策四》

《战国策·齐策四》

《战国策·赵策三》

《楚辞·招魂》

《楚辞·国殇》

《楚辞·涉江》

《楚辞·渔父》

《谏逐客书》　　　　　　节选自《史记·李斯列传》，作者李斯

《荀子·天论》

《荀子·劝学》

《荀子·修身》

《荀子·君子》

汉

《论贵粟疏》　　　　　　节选自《汉书·食货志》，作者晁错

《淮南子·原道训》

《史记·高祖本纪》　　　　作者司马迁

《史记·项羽本纪》　　　　作者司马迁

《史记·孙膑》　　　　　　节选自《史记·孙子吴起列传》，
　　　　　　　　　　　　作者司马迁

《史记·西门豹治邺》　　　　　节选自《史记·滑稽列传》，
　　　　　　　　　　　　　　作者司马迁

《史记·廉颇蔺相如列传》　　作者司马迁

《史记·陈涉世家》　　　　　作者司马迁

《史记·李斯列传》　　　　　作者司马迁

《史记·平原君虞卿列传》　　作者司马迁

《史记·淮阴侯列传》　　　　作者司马迁

《史记·鸿门宴》　　　　　　节选自《史记·项羽本纪》，
　　　　　　　　　　　　　　作者司马迁

《史记·刺客列传》　　　　　作者司马迁

《史记·伍子胥列传》　　　　作者司马迁

《史记·周亚夫军细柳》　　　节选自《史记·绛侯周勃世家》，
　　　　　　　　　　　　　　作者司马迁

《报任安书》　　　　　　　　节选自《汉书·司马迁传》，
　　　　　　　　　　　　　　作者司马迁

《汉书·枚乘传》　　　　　　作者班固

《后汉书·张衡传》　　　　　作者范晔

《后汉书·安帝纪》　　　　　作者范晔

《陌上桑》　　　　　　　　　选自《乐府诗集》

魏晋南北朝

《龟虽寿》	选自《乐府诗集·步出夏门行》，作者曹操
《世说新语·周处》	作者刘义庆
《世说新语·容止》	作者刘义庆
《世说新语·伤逝》	作者刘义庆
《抱朴子》	作者葛洪
《木兰诗》	
《三国志·隆中对》	节选自《三国志·蜀志·诸葛亮传》，作者陈寿
《晋书·谢安传》	房玄龄等人合著

唐

《登鹳雀楼》	作者王之涣
《望天门山》	作者李白
《石壕吏》	作者杜甫
《春夜喜雨》	作者杜甫
《谒真谛寺禅师》	作者杜甫

《马说》	节选自《昌黎先生集·杂说四》，作者韩愈
《送孟东野序》	作者韩愈
《原毁》	作者韩愈
《师说》	作者韩愈
《黔之驴》	节选自《柳河东集·三戒》，作者柳宗元
《捕蛇者说》	作者柳宗元
《童区寄传》	作者柳宗元
《遣悲怀》	作者元稹
《卖炭翁》	作者白居易
《望月有感》	作者白居易
《韩碑》	作者李商隐
《阿房宫赋》	作者杜牧
《吴中苦雨》	原名《吴中苦雨因书一百韵寄鲁望》，作者皮日休
《时世行》	作者杜荀鹤

宋

| 《岳阳楼记》 | 作者范仲淹 |

《六国论》	作者苏洵
《李愬雪夜入蔡州》	节选自《资治通鉴》卷第二百四十，作者司马光
《赤壁之战》	节选自《资治通鉴》卷第六十五，作者司马光
《答司马谏议书》	作者王安石
《活板》	节选自《梦溪笔谈·技艺》，作者沈括
《前赤壁赋》	作者苏轼
《日喻》	作者苏轼
《石钟山记》	作者苏轼
《题西林壁》	作者苏轼
《观潮》	节选自《武林旧事》卷三，作者周密
《正气歌》	作者文天祥
《指南录后序》	作者文天祥

明

《中山狼传》	作者马中锡
《甘薯疏序》	作者徐光启
《游黄山记》	选自《徐霞客游记》，作者徐弘祖

《稻》	节选自《天工开物》，作者宋应星
《核舟记》	作者魏学洢
《李龙眠画罗汉记》	作者黄淳耀

清

《口技》	作者林嗣环
《促织》	选自《聊斋志异》，作者蒲松龄
《狼》	选自《聊斋志异》，作者蒲松龄
《狱中杂记》	作者方苞
《岳飞》	节选自《续资治通鉴·宋纪》，作者毕沅

近现代

| 《冯婉贞》 | 节选自《清稗类抄·冯婉贞胜英人于谢庄》，作者徐珂 |
| 《菩萨蛮·大柏地》 | 作者毛泽东 |

出版说明

　　《古代汉语常识》是一本深入浅出地介绍古代汉语基本知识的小书。该书最早于1979年由人民教育出版社出版，本次出版以该本为底本，同时参以商务印书馆、中华书局版本。本次修订过程中，有幸得到中国著名语言学家、王力先生弟子蒋绍愚先生的支持与指导，并倾情作序。

　　本书共收录五篇附录。一为《汉语发展史鸟瞰》，为正文补充了学习古代汉语必须要了解的汉语语音发展情况，同时高屋建瓴地概括了语法和词汇的发展。二为《古语的死亡、残留和转生》，讨论了古代口语在后世的演变。三为《研究古代汉语要建立历史发展观点》，强调了语言的社会性和时代性。附录四《天文、历法》和附录五《礼俗、宗法》选自王力先生主编《古代汉语》通论，冀为读者阅读、学习古代汉语之助。

　　本书所引文言文皆由王力先生所选，思想健康、脍炙人口，其句末均括注有来源，如"齐军万弩俱發。（《史记·孙膑》）"。实际《史记·孙膑》节选自《史记·孙子吴起列传》，"孙膑"为该文作为中学语文课文时的名称。对于这种情况，本次出版未做改动，在尊重王力先生编排的同时，便于读者在阅读时与中学语文教材互相参照，同时增加参考文献，注明所引文言文的出处、作者等，帮助读者扩展视野。

另外，结合书稿内容，精选中国古代名家书画作品十余幅作为插图，如明代文徵明的《山庄客至图》、董邦达的《断桥残雪》……便于读者细细品味书中的种种意趣。

最后，为区分层次、便于阅读，本书采用双色印刷，引文部分配以青色，"稍见青青色，还从柳上归"。让我们一起在阅读中感受古代汉语之美。

书中可能尚存编校疏误，恳请广大读者和各位方家批评指正，提出宝贵意见。

天津人民出版社

2022 年 12 月